U1015079

国家地理系列

图说天下®

畅销经典 王者再现

全球最美的100个地方

《图说天下·国家地理系列》编委会 编著

北京联合出版公司

National Geography Collections

图书在版编目（CIP）数据

全球最美的 100 个地方 /《图说天下．国家地理系列》编委会编著．—北京：北京联合出版公司，2012.5（2022.8 重印）

（图说天下．国家地理系列）

ISBN 978-7-5502-0732-5

Ⅰ.①全… Ⅱ.①图… Ⅲ.①名胜古迹－世界－普及读物 Ⅳ.①K917-49

中国版本图书馆 CIP 数据核字（2012）第 116454 号

全球最美的100个地方

NATIONAL GEOGRAPHY COLLECTIONS

北京联合出版公司出版

（北京市西城区德外大街 83 号楼 9 层　100088）

北京天宇万达印刷有限公司印刷　新华书店经销

字数120千字　787×1092毫米　1／16　14印张

2012年6月第1版　2022年8月第11次印刷

ISBN 978-7-5502-0732-5

定价：19.90元

FOREWORD

前言

◎尼罗河的黄昏

“地理”是人类最古老的学科之一。开天辟地之初，大自然就在不知疲倦地塑造着地球的沧海桑田，也带给古老的人类无穷的好奇心与想象力。忽忽数十个世纪，人类一直在感受着自然造物的神奇，同时，也用自身行动不断地给这个星球制造出新的惊喜。“地理”这个名词，也就在这种人与自然的往来交流中，不断被拓展出新的意义与内涵。

“国家地理”的概念，也由此而生。时至今日，它正在变成一个越来越为人们所关注的话题。相较于以往学术意义上的“地理”概念，它是一个更加广博而宽容的界定，不仅仅局限于经典意义上的山川面貌、星辰运行等自然地理的内容，而是更多地融入了民俗、历史、旅游、科技发展等人文层面的印记，由此延伸，进而为整个社会风貌折射出一个真实的投影。结合了人性的地理，就不再只是一个简单的学术符号，而渐变成为一种充满着人文关怀的文化，成为当今社会人所关注的热点话题。然而，人们对于此的热情，或许并不仅仅出于对时尚潮流的盲从，某种程度上，更是出于潜意识中对自身生存意义的追寻与探索。正是自然与人性的结合，才凸现了国家地理的魅力所在。

为此，我们特别编辑制作了这套《图说天下·国家地理系列》丛书，本书共10册，以广阔的视角从不同方位展现出国家地理文化最全面的内容，带领读者对国家地理文化进行一次全方位的接触。本册《全球最美的100个地方》以不同的视角、别具匠心地选取了100处地球上最美、最动人心魄的自然和人文景观，按照每一处地方的自然特点以及所带给人的感受，将100处地方归为若干大的单元，各大单元下的每一处地方又独立成篇。以优雅的行文配合精美的摄影图片，将世界上各处臻于极致的自然之美、文明之美娓娓道来。

CONTENTS

目录

8

天地之间

64

大自然的低语

CONTENTS

CONTENTS

CONTENTS

186

城市之光

[图说天下]

喜马拉雅山脉

Himalayas Mountains

阿尔卑斯山脉Alps Mountains

乞力马扎罗山

Mount Kilimanjaro

安第斯山脉

Andes Mountains

落基山脉

Rocky Mouritains

科罗拉多大峡谷

Colorado Grand Canyon

东非大裂谷

East African Great Rift Valley

好望角

Cape of Good Hope

……

Legends of Heaven and Earth

天地之间

喜马拉雅山脉

Himalayas Mountains

“世界第三极”“世界屋脊”等美名如今在全世界是妇孺皆知了，喜马拉雅山脉以其雄伟的英姿和强劲的生命力，在高高的云端之上，俯视着人间，不惧天荒地老。神秘、神奇、圣洁、清静，将这些美丽的词语加在喜马拉雅山脉身上，有谁会反对呢？

★名称：喜马拉雅山脉

★位置：中国／尼泊尔

★最高峰：珠穆朗玛峰（8844.43米）

即使不必一步一叩首，要接近喜马拉雅山脉，你心底的虔诚与敬畏无论如何也是少不了的。

喜马拉雅山脉分布在中国、巴基斯坦、印度、尼泊尔、不丹境内，绵延2400多千米，形成一个大弧形，近似东西向地隔开印度次大陆及青藏高原，其主要部分在中国与印度、尼泊尔的交界线上。它包含许多平行的山脉，从南至北有锡伐利克山脉、小喜马拉雅山脉、大喜马拉雅山脉等，宽200～300千米，平均海拔在6000米以上。这里多是超高的峰

喜马拉雅山脉的安纳普尔纳峰

⬆ 生活在喜马拉雅山脚下的居民，住宅通常依山势而建，层层叠叠，云雾缭绕中别现一派雄浑。

峦，海拔7000米以上的就有40多座，超过8000米的也有16座之多。如果将全世界的山脉按高度排列，喜马拉雅山脉是当之无愧的万山之王。

在古老的地质时代，整个喜马拉雅山脉以及附近辽阔的地域还是大海之一隅，大约从新生代的第三纪晚期开始，海下深处的岩层受强烈的喜马拉雅造山运动的影响，崛起沧海，横空出世，逐渐上升，成为最高、最年轻的“世界屋脊”。据科学家测定，珠穆朗玛峰现在仍以平均每年3.2～12.7毫米的速度不断上升，继续刷新它所保持的世界最高纪录。

渴望的目光怎能抵挡那伟岸、那壮美。多少年来，喜马拉雅山脉的高峰吸引了多少勇士前赴后继前来攀登，那是人类壮志与天之造物的较量，生死往往系于刹那间。多少梦想永远埋葬在突然崩塌的冰雪之下，然而，又有多少发誓征服它的团队向着顶峰继续前进。

它的背后，竟也有独具魅力的清秀与优雅。雪线以下，有一处被称为“喜马拉雅山中的乐园”的春丕河谷，这里青松密布，云雾缭绕；山麓水边，桃红柳绿；木莲和石榴花丛丛点点，草地上各色繁花更是开得如毯似锦；蝴蝶飞舞，和风习习，一派山清水秀的迷人风光。在这里，土著居民脸上已经没有了特殊的高原红，而是江南惯见的纤细和白润。

世界第一高峰珠穆朗玛峰海拔8844.43米，耸立在中国和尼泊尔的边界上。珠穆朗玛，藏语意为“第三女神”，它是名副其实的“地球之巅”。其山体呈巨型金字塔状，地形险峻，环境复杂，山脊和峭壁间分布着总面积达1500平方千米的各种类型的冰川，冰川之上更有千姿百态、瑰丽罕见的冰塔林。从飞机上，从彩图里，从电影中，人们所见的珠穆朗玛峰，永远是一副湛蓝天幕下银白耀眼的千古雪域模样。

珠峰不仅巍峨宏大，而且气势磅礴。珠峰上发育了许多规模巨大的冰川、冰斗、角峰等，在山脊和峭壁之间，分布着数百条大小冰川，还有许多美丽而神奇的冰塔林，犹如仙境广寒宫。若天气晴朗，能看到山顶上有一团乳白色的烟云，缓缓东移，仿佛挂在峰顶上的一面飘扬在蓝天中的白色旗帜，这便是珠穆朗玛峰独有的奇观——“珠峰旗云”。

看吧，经幡上那红色代表太阳，黄色代表土地，蓝色就是天空，绿色形容庄稼，白色就是高原上圣洁的冰雪。珠穆朗玛峰早已成为一种风景之外的、更深层次的图腾，它是一种精神，一种气度，一种生命的超越和灵魂的锤炼，与它相比，人世间的生与死，得与失，都变得轻如鸿毛，无足轻重。灵魂，在茫茫冰雪中飞翔，回归……

珠穆朗玛峰的景色奇特而壮观，峰顶呈金字塔状，横空出世，高入蓝天，被誉为“世界第三极”。

阿尔卑斯山脉
Alps Mountains

阿尔卑斯山脉是欧洲最高大、最雄伟的山脉。这座重量级的山，也收藏了欧洲最重量级的美。阿尔卑斯山在欧洲的势力范围是如此之大，以至于在欧洲，几乎处处都可感觉到它的存在，如果想忽略这欧洲第一高峰，是绝对不可能的。

★名称：阿尔卑斯山脉
★位置：欧洲
★最高峰：勃朗峰（4810米）

阿尔卑斯山脉是欧洲最高大、最雄伟的山脉。它在欧洲的势力范围极大，想忽略欧洲第一高峰是绝对不可能的。在大多数人的直觉里，但凡美丽的山，必然是满身一色的青翠。阿尔卑斯山却独树一帜，放眼望去，绵延不绝的山峦间是令人目不暇接的缤纷色彩，漫山遍野童话世界般的花团锦簇，生动得让人呼吸停滞。

在欧洲，几乎处处都可感觉到阿尔卑斯山的存在，难怪它被叫作“欧洲屋脊”了。以为到阿尔卑斯山不是登山就是滑雪，那就大错特错了。这里实在有太多不可思议的景色等人去感受。这里的湖泊的蓝是令人无法想象的大蓝，还有无数干净到发亮的泉水、瀑布、美丽的峡谷、一望无际的绿野、绿野上的野花，还可看到冰河。夜晚，几个峰顶在夜空中闪着寒冽而圣洁的光辉。

凝眸观望，阿尔卑斯山幽

瑞士采马尔特地区的马特峰，其尖锐的角峰由数条倾斜向上的山脊会合而成，直指青天的气势使人生畏。冰川雕凿出了冰斗，两个冰斗背靠在一起形成倾斜向上的山脊，所有山脊会合到峰顶——马特峰尖锐的角峰就这样形成了。

涧水泽兼具，草原森林相间，地势广阔，水肥草美，牧马成群。远处的高山犹如穿着翻云滚浪的大裙子，裙子上一串高高矮矮的山峰，漫着白雪的山尖，在阳光下云蒸霞蔚。山脚下，白黄相间的奶牛在悠闲踱步，红瓦尖顶的住家小屋就漂在这姹紫嫣红的花海上。更有一些不知名的小湖小河，颜色是晴空般的蓝，荡漾着雪山倒影，芦苇草、蒲公英、各色不知名的野花、大伞盖似的老树浓荫，整整齐齐地围着明镜般的湖面。在这样的一幅图画面前，用不着美酒，只需一阵带着花香的山风，就熏得人心旷神怡。

于是，除了阿尔卑斯山壮阔的自然景致之外，让人更想捕捉的，是让这片土地更显生动的、实际生活在山里的人们的某些瞬间。可惜的是，有着害羞眼神、腼腆表情的农人，却是可遇而不可求的，真遇上了，便是一份阿尔卑斯山的珍贵礼物了。

阿尔卑斯山携带着人间烟火，使人感受到一股现世的温暖气息。

乞力马扎罗山
Mount Kilimanjaro

在海明威神奇的笔下，“她高大、雄伟，令人炫目地矗立在阳光下”。即使在200千米以外的地方，也能看见被太阳照得五彩缤纷的雪冠。最壮美的景象是那骄阳下冰清玉洁的山顶所呈现的瑰丽色彩，那梦幻般的“赤道雪峰”景致，定会让人慨叹不虚此生。

★名称：乞力马扎罗山
★位置：非洲
★最高峰：基博峰（5950米）

人世如海，苍茫，奔腾，人在海中沉浮，存在着或简单或复杂的目的，人的头脑或者清晰，或者混浊。也许每个人都需要洗礼，需要在大自然面前与自己的灵魂对话。于是，总有人来到非洲，远离俗世，参拜乞力马扎罗，这个上帝居住的地方、坦桑尼亚人心目中神圣的山。

乞力马扎罗山属于坦桑尼亚，属于非洲，是粗犷剽悍的非洲人的象征。目前，它仍然是一座活火山。当你凝神远眺这座壮丽、深邃、气象万千的大雪山，或深深地投入它恢宏宽大的胸怀时，在宁静中常常能体味到它那股内在的伟力，一种燃烧着的、骚动着的原始的生命力。正是这种汹涌澎湃着的内在震撼力，伴随着非洲这艘巨船扬帆启航，从远古驶来，又向未来驶去……

从空中俯瞰，乞力马扎罗山的雪峰成了漂浮在云海中的孤岛。主峰沉积了几千年的积雪，使乞力马扎罗山成为世界各国探险家的天堂，也是考察非洲过去气候状况的第一手资料。

晴空万里，阳光普照，青山、白雪、浮云，清晰可辨，遥望乞力马扎罗山，它如同戴着一顶银光闪闪的王冠的君主，傲然挺立，俯视着大地。其峰顶有一个火山口，地势平坦，就像一只巨大的碗口。在这里，积雪皎洁如晶莹的宝石，阳光照射处积雪融化，就露出了棕色的熔岩，连熔岩流淌的痕迹都清晰可见。朵朵白云在雪山四周飘荡，“非洲屋脊”终于在阳光下

大象是乞力马扎罗山的常住“居民”，它们往往构成这里一道美丽的风景。

现出了真面目。

乞力马扎罗，在著名作家海明威笔下，雪是它不朽的灵魂。在东非的斯瓦希里语里，“乞力马扎罗”意思是“光明的山”。这座山诞生于冰与火的洗礼中：火山造就了它伟岸的身躯，而山顶终年不化的冰雪是它永恒的灯塔。古老而美丽的天神与魔鬼斗争的故事至今仍广为流传，使这座大山变得神圣而威严无比。

当落日把它那殷红的余晖洒向西山坡上的条条雪瀑时，奇迹出现了：半壁山体红装素裹，色彩斑斓，幻化出一种流动的质感，与后面淡青色的天光相映成趣，俨然是一幅妖娆无比的雪山夕照图。一阵山风骤起，打破了洪荒远古的宁静，逶迤起伏的重重山冈顿时骚动起来，层层绿浪颇显浩渺之势。而此时，山顶上的云雾偶尔散开，洁白晶莹的冰山雪峰在落日余晖的照耀下，闪烁着耀眼的光芒。

人是属于大自然的，因此，人和动物都是大自然的儿女。乞力马扎罗山自然保护区内栖息着大象、狮子、豹、犀牛、斑马、羚羊、野猪、猴子和鸟类等上百种野生动物。林间的长颈鹿，伸着长长的颈在吃树叶；巨大的非洲象在林间悠然漫步，成群的小鸟飞来飞去，在它们身上雀跃啄食；圆滚滚的野猪长着一对长长的门牙，在拱土寻找蚯蚓；成群的斑马在林间觅食，黑白相间，线条分明，几十头聚集在一起，像一幅流动的油画……到那里去，就仿佛置身于天然动物园。在美丽的风景面前，再艰难的路途也会变得轻松起来。

在古代阿拉伯人的心目中，乞力马扎罗山是“一座令人陶醉的山峰，它漂移不定，人们渴望着来到它的面前，但却永远也到不了”。在那里，可以看到紫色的薄雾远远地浮在地平线上，而在这云雾之上，你可以看到一座“金字塔”奇迹般地悬浮在空中，那就是乞力马扎罗山积雪的山顶。

入夜，月影憧憧，夜风清清，静谧得连松针落地、竹叶摇曳都清晰可闻，偶尔一两声虫鸣鸟叫，伴着潺潺流水声，让人忘了山林外的世界。记忆是人灵魂的一部分，所以这片刻的经历，带着巨大的震撼力，将永远留在人的心中。

安第斯山脉
Andes Mountains

在这里，旅行者可以呼吸到冰川时代的气息。想一想，就在你的周围，是沉积了上亿年的冰雪，深深吸一口气，似乎可以感触到地球和人类共同成长的痕迹。

★名称：安第斯山脉
★位置：南美洲
★最高峰：汉科乌马山（7010米）

素有“南美洲脊梁”之称的安第斯山脉是世界上最长的山脉，也是世界上最壮观的自然景观之一，山势雄伟，绚丽多姿。

安第斯山脉分布在南美洲的西海岸，从北到南全长8900余千米。它濒临太平洋，北起加勒比海的特立尼达岛，南到南美洲南端的火地岛，由几列相互平行的山脉组成，贯穿委内瑞拉、哥伦比亚、厄瓜多尔、秘鲁、玻利维亚、智利和阿根廷等7个国家。这条山脉既高又陡，平均海拔在3000米以上，超过6000米的高峰有50多座。这里不但有众多的铜矿、火山，也常发生让人却步但又壮观非常的雪崩。

安第斯山脉属于科迪勒拉山系，这个山系从北美洲一直延伸到南美洲，全长1.8万千米。安第斯山脉许多高峰山顶终年积雪，位于玻利维亚西部的汉科乌马山为其最高峰，海拔7010米，也是西半球最高峰。南美洲以拥有众多的活火山而闻名，这些火山主要分布在安第斯山脉，这里共有40多座活火山。位于智利中部的图蓬加托火山海拔6800米，是世界上海

安第斯山地区的骆马。由于欧洲和北美国家大量收购其皮毛，在20世纪40年代中期到60年代初的短短十几年里，骆马被宰杀了50余万只，该物种曾一度处于濒危状态。

拔最高的活火山。在火山区，白天白云缭绕，晚上火光冲天，景象十分壮观。

此外，安第斯山地区还分布着大片茂密的森林，是亚马孙河等重要河流的发源地。它孕育了世界上最大的地下铜矿，深入地表以下1200米，庞大的地下坑道总长超过2000千米。

从安第斯山脉发源的冰川，在阿根廷境内有13条，最著名、最壮美的就是贝利托莫雷诺冰川，该冰川高达70米，绵延30千米，总面积达257平方千米，仅冰壁前端就宽4千米，高约50米。它也是阿根廷最引人入胜的自然景观。

从太空俯瞰安第斯山脉，看到的是一幅白蓝相间、清澈明净的构图：白色条状区域即安第斯山脉，蓝色部分为太平洋。站在它的身旁，你能瞬间领悟到“壮美”一词的全部美学含义：高耸入云又终年积雪的山峰，城墙般厚重又洁白的冰川，白云缭绕又会火光冲天的火山……

安第斯山脉，造物主的绝笔！

阿根廷的菲茨罗伊峰几乎全年都笼罩在云雾之中，被当地的特维尔切人称为“乔坦”，意即“吞云吐雾的山”。云消雾散的时刻自是难得，其真容自然就很难目睹，能如此清晰地见到它这种面目的人真是有幸了。

落基山脉
Rocky Mountains

落基山脉，依然保持着自然的古朴清新，没有遭遇人类文明的破坏。山与冰河、森林与湖泊，和谐地演奏着落基山脉悠远的交响曲。人与动物、与自然的和谐，犹如鱼水难分，亲密无间。联合国开发计划署从1994年起，连续6年将这里评为世界上最适宜人类居住的地方。

★名称：落基山脉
★位置：北美洲
★最高峰：埃尔伯特山（4399米）

在世界的一端，有一片神奇的土地散发着无穷的魅力。她有着秀美清幽的路易斯湖，雄浑壮美的尼亚加拉大瀑布和精奇别致的千岛湖，更有巍峨的落基山脉增添了她的姿色。所有生物的生命，在这里都是平等的。

位于温哥华北部的落基山脉，依然保持着自然的古朴清新，没有遭受人类文明的破坏。这里的一切都那么自然，没有人类带来的污染。春天，可以看到很多动物在冬眠醒来后找食物吃，这些动物完全不避人，而前来游玩的人类也给予动物足够的空间，让它们以自己的生活方式与人类共存。登上落基山脉，给人的直观感觉是站在绵绵的山脉中看广阔的冰河，翠绿的湖泊如宝石般镶嵌在深绿色的针叶林中，林中栖息着各种动物。山与冰河、森林与湖泊，和谐地演奏着落基山脉悠远的交响曲。人与动物、与自然的和谐，有如鱼水难分，亲密无间，难怪联合国开发计划署从1994年至1999年，连续6年将加拿大评为世界上最适宜人类居住的国家。人类对环境的保护只有体现在自

路易斯湖在落基山的怀抱中，水清至纯，景色美不胜收。

觉的行动中，环境才能给予人类真诚的回报。

这座被鲜花、绿树、草坪覆盖的大山，一年四季展现出不同的色彩。雄伟的山峰，绿色的森林，弯曲的河流，如镜的湖泊，构成了一幅美妙绝伦的油画。站在山上，颇有人在天空下、心在空中飘的感觉。时而能看见一群一群的动物横穿公路，慢悠悠地走过，汽车司机总是将车主动停下，等这些可爱的生灵走过去了，再继续行驶。在海边笔直的路堤上，人行小道的两旁都铺满了绿色的草坪，一群群海鸥落在草坪上懒散地晒着太阳，享受着这里清新美好的环境。水面上游玩的野鸭，成双成对，无拘无束。这里就像它们的家一样，来往自由。

落基山的雄伟和壮丽让人类感到惊讶，落基山就仿佛是被遗落在人间的天堂。

山谷间有天然的湖泊，如一块块翡翠镶嵌在茫茫碧野上。地毯似的草地上点缀着各种各样姹紫嫣红的小花。“落基山脉的明珠”路易斯湖，湖水呈珍珠色。水是至清的，甚至可以看到沉在水底的、那些死去的麋鹿的角，你难以想象它们活着时有多庞大，光那些“角”就有半个人大。

没有电话、电视、电脑，所有现代化的工具在这里都失去了存在的意义，也因为这样，才好让心慢慢沉静下来，恢复单纯本性。每一天的日子都是舒展的，或放马飞驰，或悠闲垂钓，更多的时候，什么都不用做，只是想想自己的人生，想想那些曾经理不清的烦心事，什么该做什么不该做，决定自然流露，人生突然变得简单易行。你是否已经忘记生命中的一切滞涩和矛盾，只留风声在心中汇成甜蜜的谐音？罢了，生命应归自然，因为你也是一道美丽的风景！

科罗拉多大峡谷
Colorado Grand Canyon

美国人历来以西部的科罗拉多大峡谷为骄傲，一位总统曾说：凡到美国的人一定要去看看西部的大峡谷，否则就不能算到过美国。其博大恢宏的气魄，壮丽慑人的景观，世间无所匹敌。

★名称：科罗拉多大峡谷
★位置：美国

有一位地质学家说：科罗拉多大峡谷是一种无与伦比的奇景。面前层层叠叠的山岩十分壮观，那是"天斧"之作，将地壳的横断面砍削得如此神奇。从谷底向上，沿崖壁出露着寒武纪到新生代的各期岩系，含有各个地质年代具有代表性的生物化石，大峡谷因此有"活的地质史教科书"的美称。它并不是世界上最深的峡谷，但是却凭借着其超乎寻常的体表和错综复杂、色彩丰富的地面景观而驰名。从地质角度上来看，它非常有价值，因为裸露在峡谷石壁上的从远古保留下来的巨大石块，不仅因其坚硬和粗犷而美丽，而且还

科罗拉多大峡谷的色彩，总是扑朔迷离而又变幻无穷，彰显出大自然的斑斓和诡秘。

无声地记载了北美大陆早期地质形成发展的过程。

那蛮荒而神秘的景色，让人着迷；那险峻而富于特色的峭壁，让人惊叹。这个可以容纳250个曼哈顿的科罗拉多大峡谷，是科罗拉多河的杰作。这时候，该真正感叹“滴水穿石”的力量了吧。几千万年甚至几亿年中，科罗拉多河的激流一刻不停地冲击着，在一片高原上雕刻出一道巨大的鸿沟，并赋予它光怪陆离的形态。今天，当人们站在绝壁上，仍可想象出当年在幽深的河谷中，巨浪排空、波涛咆哮的壮丽景象。

科罗拉多大峡谷迷人的景色令人流连忘返，它那气势磅礴的魅力，留待人们去发掘和体验。

确实，这样雄伟险峻的大峡谷突兀地横亘在面前，实在很难让人用常规的理由解释它的存在。如果真的下到谷底，就会发现这里又是另一片天地。在被称作“地狱”的谷底深处，也未必就要忍受痛苦，体验到的不过是当年西部牛仔驰骋荒原的生活。现在，这里烈日依旧，红土犹存。科罗拉多大峡谷是留待每个人去发掘和体验的。

描绘大峡谷是十分困难的，很难用语言描述大峡谷的景色，只能在亲临大峡谷后，用心灵去感知它的庄严、静穆和深邃，领略造物主赋予它的瞬息变幻和亿万年的寂寥。你的手够得着千万年前的岩石，而科罗拉多河在谷底绵延流淌，波光闪烁，仿佛是一条碧蓝的彩带。“夫天地者，万物之逆旅也；光阴者，百代之过客也。”站在大峡谷的峭壁悬崖之巅，极目天际，才会真正理解李白这一千古绝句包含的深刻哲理。

站在大峡谷的边缘，就有一种站在地球边缘的感觉。大峡谷里最著名的石头叫“老鹰峡”，这里曾发生过一个美丽

大峡谷岩石多为赭红色，在大雪覆盖之下呈现出冷峻的色调。大峡谷各岩层的岩石质地不一，颜色随着一年中不同季节里植被、气候条件的变化而变化。甚至在同一天里，大峡谷的岩石也会因时间的不同呈现出异样的景象。

凄婉的爱情故事。坐在谷底小船的甲板上，就像掉进了地球的“缝”里，抬头仰望，遥远的地方是无穷上苍……

无论南北岸，视野都极为开阔，只看到大地的起伏、断裂和切割。居高临下，常有种如俯瞰沙盘的错觉，很容易产生君临天下的豪情。站在岸边，谷底深处科罗拉多河的涓涓细流几乎遥不可见，难以想象这细小黄水是这大峡谷的主要创造者。大峡谷两岸都是红色巨岩断层，岩层嶙峋，堪称鬼斧神工。两岸重峦叠嶂，夹着一条深不见底的巨谷，真是天造地设，无比苍劲壮丽。

每一次云与雾的搭配，显示科罗拉多的一种美，原始蛮荒，苍茫幽邃，壮丽而神奇。

更为奇异的是，这里的土壤虽然大都是褐色，但当它沐浴在阳光中时，却又扑朔迷离，变幻无穷。时而是紫色，时而是深蓝色，时而是棕色，时而又是赤色，全依太阳光线的强弱而定。这时的大峡谷宛若仙境，七彩缤纷，苍茫迷幻，迷人的景色令人流连忘返。

“不管你走过多少路，看过多少名山大川，你都会觉得大峡谷仿佛只

能存在于另一个世界，另一个星球。”科罗拉多大峡谷是自然的奇迹，到了这里，你才会意识到人类在大自然造物主面前是多么渺小。站在峡谷边缘，你会惊异这片土地怎么就被掰开在你面前，露出里面斑斓的层层断面。峭壁下的深渊深不可测，尽管有护栏围着，但是来自那深渊的魔力仍然让人胆寒，不敢正视，让人疑心自己到了地狱门口，而冥王正笑着端详下一个猎物。或者你会觉得自己已经走到了世界的尽头，孤单单地把整个世界抛在了身后。

大峡谷就这样以最赤裸的姿态，展现着自然界沧海变桑田的神奇，展现着时间的久远。闭上眼睛，感受着夕阳下的峡谷、岩石边的夕阳、远处隐约传来的印第安人的笛声、格罗菲《大峡谷》的交响曲，感受着这被掰开的大地赤红的土、湛蓝的天、白炙的热。它带给你一种难以名状的震慑，所谓人类的历史，时间的流逝，在这道鸿沟面前似乎也只能归于一粒沙尘。

哈瓦苏瀑布水如泻银，潭水碧绿澄清。哈瓦苏部落的印第安人数百年来一直居住在哈瓦苏河的瀑布周围，这个部落的名字就是“碧水人家”的意思。

东非大裂谷

East African Great Rift Valley

东非大裂谷不仅被称为“地球脸上最大的伤疤”，更被美誉为“世界地理的奇迹”。同时，东非大裂谷还是人类文明最早的发祥地之一，奥杜威峡谷中的发现，改变了全世界对人类始祖的认同……

★名称：东非大裂谷
★位置：非洲

乘飞机越过浩瀚的印度洋，进入东非大陆的赤道上空，从机窗向下俯视，一条硕大无朋的“刀痕”就会呈现在你的眼前，相信即使你见惯了奇情异景，也会惊讶得瞪大眼睛。这就是著名的东非大裂谷，亦称“东非大峡谷”或“东非大地沟”。

东非大裂谷南起赞比西河的下游谷地，向北延伸到马拉维湖北部，并在此分为东西两条。东面的一条是主裂谷，穿越坦桑尼亚中部的埃亚西湖、纳特龙湖等，经肯尼亚北部的图尔卡纳湖以及埃塞俄比亚高原中部的阿巴亚湖、兹怀湖等，继续向北直抵红海和亚喀巴湾，直至西亚的死海—约旦谷地，全长6400多千米。西面的一条经坦噶尼喀湖、基伍湖、爱德华湖、艾尔伯特湖等一直到苏丹境内的白尼罗河，全长1700多千米。裂谷宽度在几十米至200千米之间，深几百米至2000米，谷壁如刀削斧劈一般。裂谷两侧，断壁悬崖，山峦起伏，犹如高耸的两垛墙。据推测，裂谷形成于上新世和更新世，一些地段同时伴随有大规模火山活动，催生了著名的乞力马扎罗山（5950米）和肯尼亚山（5199米）等高大山峰。

大裂谷内的伯格里亚湖边，间歇泉热气升腾。地热是大裂谷周围国家的一种重要能源，已经得到妥善利用。

在我们的头脑里，大峡谷总和黑暗的断涧深渊，以及狭

长、阴森等词语联系在一起，其实不尽然。当你来到东非大裂谷时，展现在眼前的完全是另外一番景象：远处，茂密的原始森林覆盖着连绵的群峰；近处，草原广袤，翠绿的灌木丛散落其间，野草青青，花香阵阵，草原深处的几处湖水波光粼粼，山水之间，白云飘荡；裂谷底部，平平整整，坦坦荡荡，牧草丰美，林木葱茏，生机盎然。

19世纪末，英国地理学家约翰·乔治设想东非大裂谷是因地壳下沉而形成，而不像科罗拉多大峡谷那样由河流冲刷而成，东非大裂谷也即成为大陆漂移说和板块构造说理论的有力证据。东非大裂谷还是人类的发源地之一，尚武的马赛人至今生活在这里，亦是大裂谷的一道风景。

起源于东非大裂谷的南方古猿，一直被考古学界认定为人类的始祖。20世纪50年代末期，在东非大裂谷东支的西侧、坦桑尼亚北部的奥杜威谷地，考古学家发现了一具史前人的头骨化石，据测定分析，其生存年代距今足有200万年。

古往今来，东非大裂谷一直是一个热门的话题。科学家推测，火山活动频繁的东非大裂谷的“伤口”将越来越大，最终变成海洋，正如今天的红海一样。东非大裂谷未来的命运究竟如何？人类只能拭目以待。

非洲大羚羊是世界上最珍稀的羚羊，由于毛色美丽、肉质鲜美，曾遭人类大量捕杀，最后一只野生的非洲大羚羊已于1994年在肯尼亚山死去。

好望角
Cape of Good Hope

好望角的发现，给整个人类带来了惊喜，可以说不仅改变了非洲的命运，也改变了世界的命运。那是一种激情的讲述，如同你在倾听一曲激越的交响，无论你听得懂还是听不懂，只要你能够沉醉其间，你便会受到真正的感染。

★名称：好望角
★位置：南非

世界七大洲的大小岬角，可谓成百上千，但最知名者，恐怕还属南非的好望角。它位于非洲西南端，是大西洋和印度洋之间的重要陆地标志，也是一场海上风暴送给葡萄牙探险家巴塞罗缪·迪亚士的意外礼物。

好望角的岩石构造像天工的雕刻，层层页岩仿佛沉积着岁月的故事，只要打开来，这些故事就会如同激荡的海潮，热烈地朝我们涌来。顽强的迪亚士不期然地揭开了好望角神秘的面纱，他的名字也永远与好望角连在一起。但他终究没有想到，作为“好望角之父”的自己正是在此地走完了人生旅程，好望角成了他的绝望之角、葬身之所。如今，好望角已成为从大西洋进入印度洋的海岸指路标。

由于好望角是大西洋与印度洋冷暖水流的分界，加上危崖峭壁，所以这里巨浪滔天，以前被称为“风暴角”。

好望角作为大西洋与印度洋冷暖水流的分界，气象万变，景象奇妙，耸立于大海，更有高逾600米的达卡马峰，危崖峭壁，卷浪飞溅，令人眼界大开。由于地理位置特殊，好望角海域几乎终年大风大浪，遇难海船难以计数，以致有“好望角，好望不好过”的说法。尽管如此，站在好望角的峭壁悬崖上，还是会让人联想起一个令人血脉潮涌的传说：人们常常于阴风怒号、浊浪排空之际，见到有人驾一叶轻舟，奋力拼搏着绕过好望角，那就是不屈的迪亚士。

好望角的所在地叫开普半岛，开普半岛的顶端是矗立着一座白色灯塔的海角点，被人称为“绕开死神的航标”。从那里回首向右望去，可见一个伸入两大洋中、如同巨大鳄鱼爪般的海角峥嵘毕露，那才是真正的好望角。从海角点沿一条小路蜿蜒而下，一路上都能见到墨绿色的波涛托起白色的浪花，轮番拍打着岸边嶙峋的乱石，群群海鸟追逐着浪尖嬉戏。

站在半岛山顶举目南眺，明丽的阳光下，是一望无际的蔚蓝色天空，空中飘游着几朵暗灰色的云团。云团之下，奔涌着浩渺无涯的万顷碧波。走到山崖边上，探首俯视，只见灰色的悬崖临空，莽苍苍的峭壁陡立，几只海鸟在其间振翅翻飞，好一种幽秘可怖的气氛。山脚之下，黑黝黝的浪涛从天边滚滚而来，撞击在悬崖峭壁之上，化为冲天而起的冰浪雪涛，发出撼天动地的吼声。此情此景，令人不由得把心提到喉咙口，额头沁出一层冷汗。这时，才会突然领悟到，这个岬角何以曾被人称为“风暴角”。

有人说，好望角航线是西方国家的一条海上生命线，远远地可以看到巨轮正在通过。是啊，曾经在西方人眼里遍地黄金的东方大地，怎会不令人心潮澎湃、前仆后继地前往冒险呢？

伫立在好望角前，沐浴在海上的阳光中，眼前是雄伟的岬角、无垠的海面，耳际是澎湃的涛声、海鸟的长鸣，扑鼻而来的是清爽的空气，不时夹带着海腥味。每当此时，“云翻一天墨，浪蹴半空花”这句诗便浮现在脑海。青山为邻，飞鸟为伴，黄昏夕阳把好望角渲染成一个金黄的琉璃世界。浪漫景致抖落满身风尘，似退隐山林的豪迈，真是好山——好水——好望角。

好望角的礁石经年累月地承受着海浪的拍打，一直屹立如故。它们一静一动，给前来参观的游人以生命的启示。

麦金利山
Mount Mckinley

麦金利山是北美洲的第一高峰，它在印第安语中的意思是“太阳之家”。麦金利山地区拥有着变幻莫测的高山风光、典型的北极植被以及野生动物。而对于登山爱好者来说，这里还是一个并不比攀登珠峰逊色的巨大考验。

★名称：麦金利山
★位置：美国（阿拉斯加州）
★高度：6194米

麦金利山高达6194米，是北美洲最高的山峰，位于美国阿拉斯加州南部的阿拉斯加山脉中段附近。这里的大部分地方终年积雪，白皑皑一片。

麦金利山以美国第25任总统麦金利的名字命名，但是大多数阿拉斯加人还是习惯用印第安语的名字来称呼这个北美的最高点：迪纳利山，它的意思是“太阳之家”。麦金利山俯瞰着阿拉斯加山脉的其余部分，高5220米的弗拉克峰位于麦金利山不远处，这里的印第安土著称弗拉克峰为麦金利山的“妻子”。麦金利山与所在地区的相对高差达5400米，作为对比，珠穆朗玛峰与西藏高原的相对高差也不过5000米。在晴朗的日子里，巨大的麦金利山在云雾里隐隐闪现，成为阿拉斯加地区最引人注目的自然景观。

生活在麦金利山地区的北美大白野山羊

麦金利山间经常浓雾不断，浓雾缭绕弥漫时，几百米之外的景物便不可见。夏季，麦金利山青青的山坡上盛开着鲜花，紫色的杜鹃花和精巧的铃状石南花随处可见。

除了壮观的高山风光之外，这里还拥有650种开花植物和种类繁多的野生动物。迪纳利公园成立后，参照美国黄石公园的管理模式，让灰熊、狼、狐狸、野山羊、驼鹿和北美驯鹿等野生动物自由自在地生活在它的冻土地带和针叶林地带。

世界各地的许多登山者每年都聚集在这里，试图登上麦金利山。对于许多人而言，麦金利山是他们的最终目标；而对另一部分人来说，攀登麦金利山只是他们攀登珠穆朗玛峰的练习场。

在天气好的日子里，麦金利山仿佛可以轻而易举地登上。但是成功登顶和安全返回其实需要多年积累的经验、充足的体力以及足够的勇气。超过半数试图攀登麦金利山的人在高山反应、冻伤和恶劣的天气面前止步。即使是在夏天，山上的温度也可能低到-35℃。而且，山上的风速通常超过每小时80千米，大风会很快将气温骤降到-45℃～-56℃。除此之外，缺氧对于试图登上麦金利山的登山运动员来说，也是一个巨大的考验。

地球的大气层越靠近极地就越稀薄，因此麦金利山峰顶的空气含氧量比珠穆朗玛峰峰顶的空气含氧量还低。安德森·斯塔克是1913年最早登上麦金利山的登山队成员之一，他曾经在冰天雪地的冬季带领他的雪橇狗，在阿拉斯加北部靠近北极的地区进行了长达16000千米的艰苦旅程。斯塔克如此描述麦金利山顶峰的风景："眼前充满了无数纠结在一起的山脉，一直延伸到灰色的天空，灰色的山峰和灰色的大海，没有了界限。"关于登顶的这段经历，他在日记里还写道："我记得在我生命中没有哪一天像今天这样辛苦、沮丧和精疲力竭，但是又这么幸福和满足……与其去探索阿拉斯加最富饶的金矿，不如攀登上麦金利山。"

麦金利山常年笼罩在烟雾之中，山顶被雪覆盖，异常巍峨。

阿切斯岩拱
Arches

美国作家爱德华·阿比曾在阿切斯岩拱地区游历，他被眼前的美景深深地吸引住了：放眼望去，荒野上密布着铁锈色的拱形砂岩和鳍状的山丘。他在日记里写道：“这里是地球上最美丽的地方。”

★名称：阿切斯岩拱
★位置：美国

如果我们可以把造就地球百态万象的神秘力量称为造物主的话，那造物主的力量真是太神妙了，它不仅造就了高山低谷，也造就了长河溪流；它不仅造就了热带丛林，也造就了荒漠冰川。如果这些是造物主神奇而严谨的创作，那么，阿切斯岩大概就是造物主的游戏场了。

阿切斯岩是美国阿切斯国家公园的物质和精神支柱。阿切斯国家公园位于犹他州沙漠中，1971年11月12日设立。所谓“阿切斯”，即指公园内到处林立的大小样式不一的2000多个石拱（英文“Arches”即“石拱”之意）。

几亿年前，海水曾在这块土地上随意来去。当大海决定永远撤离的时候，来不及跟着撤退的海水便被蒸发成厚厚的盐层。随后，从山上冲下来的沙石与盐层混合，堆积成盐丘。1000万年前，无情的风雨、河流开始侵蚀这些“盐”石，科罗拉多河和绿河执意要一探岩石内部的盐心。随着被地下水逐渐溶解，“盐”石内部终于剥落崩塌，缺口慢慢变大，形成了石拱。

这是地球沧海桑田的标本。

在阿切斯国家公园，或是一方巨石擎天，

岩石上的动物图案证明这个地区很早以前曾是人类的栖息之地。

或是石岩错落诡异，或是石拱圈住半个蓝天……当你阅读了地球面貌在这里亿万年的无常变化，一定忍不住要赞叹大自然的鬼斧神工。

有座著名的石拱叫造景拱，长93米，是世界上最长的石拱。它悬空挂在岩石之间，最薄的地方只有3米，随时可能折断。因为担心石拱塌落，现在，游客已被禁止擅自靠近石拱。

如果有幸在公园中漫步，你肯定会发现那座双拱结构极其奇特，一前一后上下错落。这里就是好莱坞著名影片《圣战奇兵》的拍摄场景，许多炫美的镜头都是以它为背景拍摄的。公园里还有一组“玲珑拱”，看起来真像是一组精致的玩具，不由得让人感慨造物主的童心未泯。而它旁边的那个像戒指的小石拱，则成了犹他州的标志。

被称为“北窗”的这个石拱是“眼镜石拱”中的一个，通过“北窗”看蓝天，天像是变小了。

阿切斯岩还奉献出很多逼真的自然雕塑杰作，一块高大的绵羊石尤为著名。在沙漠白天燥热、晚上却可能飘雪的极端气候下，经过百年风化的雕刻所形成的这块岩石，光滑圆润，栩栩如生。

阿切斯岩的奇特壮观促成了犹他州旅游业的空前繁荣。无论你什么时候来到阿切斯国家公园，你很容易就能看到，在圈住半个蓝天的石拱里，坐着一对缠绵的小恋人。想起石拱的漫长演化，相比之下，人生却转瞬即逝，叫人不得不感慨韶华如水、光阴易逝，然而，岁月本身却可以留下如此亘古长存的印痕。

巴德兰兹劣地
Badlands

那刀锋般的山脊深沟、重重叠叠的彩色岩层、狭窄的平顶山以及一望无垠的沙漠，令人惊异万分的景象映在眼帘，刺着心灵。一切仿佛停滞了，只有猎猎的风声，蒸腾的热浪。

★名称：巴德兰兹劣地
★位置：美国

如果地球上还有比沙漠更荒凉的地方，那就是劣地了。

“劣地”，英文中是“恶劣之地”的意思。劣地之著名者，首推跨越美国南达科他州西南、内布拉斯加州西北，延及加拿大阿尔伯达省西部边缘的那片地区，它得名于北美印第安人所称的“荒凉不毛之地”的音译，是为巴德兰兹。

在巴德兰兹，满目低矮的山峦、崎岖的丘陵，地球被腐蚀成奇形怪状，那刀锋般的山脊深沟、重重叠叠的彩色岩层、狭窄的平顶山以及一望无垠的沙漠，令人惊异万分的景象映在眼帘，刺着心灵。一切仿佛停滞了，只有猎猎的风声，蒸腾的热浪。

有谁相信，7500万年以前，巴德兰兹地区是一个面积约1.55万平方千米的浅海，以及大片低洼的沿海平原，属于亚热带气候，和现在的北佛罗里达相近，无数动物正处于它们的全盛时期：鱼类、两栖动物、爬行动物、原始哺乳动物、鸟类甚至恐龙。

巴德兰兹地区由刀锋般的山脊、狭窄的平顶山，以及一望无际的沙漠组成，仿佛一件浮雕作品。

6500万年前，落基山脉在隆起时将这个地区抬升。海水渐渐退去，携走了表土和部分岩石，使这个地区颓然走向荒原。如今，侵蚀仍在进行之中。如果你亲临现场，就能清晰地看见沙砾中海洋时期的一层层沉积物。

当你站在爬行动物时代的恐龙化石面前，立即就会感受到大自然无穷的力量以及一种莫名的苍凉。昔日的霸王如今只不过是一堆骨架，一把黄土……曾经是那样的雄姿威武，而今剩下的只有冰冷。一种英雄末路的悲凉，着实让人不禁感叹时间的魔力和岁月流逝的无奈。

曾经，在巴德兰兹生活着一种长有巨大的犄角、魁伟的身躯、体态威严却动作敏捷的大角羊。由于其公羊的犄角是北美人极喜爱的室内装饰品，它们频频遭受无情的猎杀。美国当地的土著人常常戴着大角羊的犄角冒充公羊以接近和捕捉大角羊。当然，他们捕捉到的只是少数，真正的威胁来自移民。到了1880年，移民终于扫荡了巴德兰兹大角羊的生存之地，使其无处可逃。1925年，最后一只巴德兰兹大角羊也因为它巨大而美丽的犄角，没能逃脱被猎杀的厄运。

人无语，劣地无语，化石无语，巴德兰兹大角羊标本无语。

巴德兰兹劣地尽管一片荒凉，但在丘陵的底部，仍然有植被生长，让草原犬鼠赖以为生。

撒哈拉沙漠

Sahara Desert

谈起非洲，人们恐怕最先想到的便是号称“沙漠之王”的撒哈拉。这片全世界最著名的沙漠，总是与“死亡”和“荒凉”联系在一起。然而，这片占去了非洲大陆1/3面积的荒凉之地所显现出的，却又是大自然另一番苍凉雄浑之美的极致。

★名称：撒哈拉沙漠
★位置：非洲北部
★面积：约960万平方千米

在非洲北部，西起大西洋东岸，东至红海之滨，横亘着一片浩瀚的沙漠，这就是世界上最大的沙漠——撒哈拉沙漠。“撒哈拉”一词，阿拉伯语的原义是象征广阔的不毛之地，后来转义为大荒漠。阿特拉斯山隔开了撒哈拉沙漠，以北一变而为地中海盎绿、明朗的景观。

撒哈拉沙漠是世界上最有个性的地方。自古以来，撒哈拉，这个孤寂的大沙漠便拒绝人们生存于其中。风声、沙动，支配着这个壮观的世界，风的侵蚀，沙粒的堆积，造就了这里极干燥的地表。但只要有人的地方，就有说不出的生气和趣味。游牧民族的男子缠头巾，着白袍，女子缠身布或者穿色彩绚丽的大花裙子，这就是典型的沙漠逐水草而居的游牧民族族人的打扮。沙漠民族的艰辛生活，给这个无生气的沙漠，点缀了一些热闹的气氛。

对孤独的沙漠旅人来说，无论遥远的时代，还是现代化的今天，骆驼仍然是他们唯一的也是最好的伴侣。

有人说，去了撒哈拉沙漠你才能爱上这个世界。在那里体验过生和死的选择，才知道绿色的珍贵。没有哪里可以与撒哈拉沙漠的美丽景色媲美。撒哈拉沙漠有气象万千的金色波涛，沙是那样的细腻、明亮，在太阳的照射下五颜六色。它是流动的，像金色的海洋，闪动着无限的光芒。

撒哈拉沙漠给人一种神秘的感觉，当地沉积的大量沙土，被风吹刮，细的尘土被吹走，沙子留下来，再加上风沙中挟带的沙子，也被带到这里沉积下来，这样，地面上的沙子越积越多，便形成了沙海。在浩瀚的沙漠里，也有人间天堂——绿洲。绿洲是地下水出露或溪流灌注的地方。这里渠道纵横，流水淙淙，林木苍郁，景色旖旎，从高空鸟瞰，犹如沙海中的绿色岛屿。

1850年，德国探险家巴尔斯来到撒哈拉沙漠进行考察，无意中发现岩壁上刻有鸵鸟、水牛及各式各样的人物像。从发掘出来的大量古文物看，距今约10000～4000年前，撒哈拉不是沙漠，而是大草原，是草木茂盛的绿洲，当时有许多部落或民族生活在这里，创造了高度发达的文明。

无际的黄沙上有寂寞的大风呜咽着吹过，天是高的，地是沉厚雄壮而安静的。就是风——这个大自然的“雕琢艺术家”，成就了造型精美的景象——“风雕”。否则，又有谁有这“鬼斧神工”的技能，将坚硬的岩石雕琢成千姿百态的奇异景象呢？磨蚀随着风力的大小、风向的转换，像能工巧匠一样，不断地变换它的雕琢手法和雕刻力度，使各种造型更加精奇多姿、瑰丽壮观。

正值黄昏，前面是一望无际的沙漠，上方是蓝得没有一丝杂色的辽阔天空，和金黄色的沙漠在远方合成一线，大地转化为一片诗意的苍凉。撒哈拉，永远的撒哈拉。

漫漫黄沙，无边无际，让人类在大自然面前感到渺小。

艾尔斯岩
Ayers Rock

旭日的照射使艾尔斯岩如火一般鲜红明艳，发出耀眼的光芒。无论黄昏还是清晨，艾尔斯岩似乎随时都在散发着不可思议的力量，也正如土著人几万年以来持久不变的信仰一般，这里包藏了先祖们的精神和灵魂。

★名称：艾尔斯岩
★位置：澳大利亚

1873年的一天，一位名叫威廉·克里斯蒂·高斯的测量员顶着烈日横跨荒漠，正当他又饥又渴之际，突然发现了一座与天等高的石山，当时他还以为是一种幻觉，难以置信。因为这位幸运的发现者来自南澳洲，故以当时南澳州总理亨利·艾尔斯的名字命名了这座石山。

艾尔斯岩从周围的平地上陡然而起，高348米，长3000米，基围周长约10.5千米，东高宽而西低狭，是世界上最大的单体岩石。它气势雄峻，犹如一座超越时空的自然纪念碑，突兀地矗立于茫茫荒原之上，在耀眼的阳光下散发出迷人的光辉。如今，这里已被辟为国家公园，每年有数十万人从世界各地纷纷慕名前来，只为一睹艾尔斯巨岩的风采。

艾尔斯岩主要由砾石组成，含铁量高，岩石表面因氧化而发红，因此又被称作红石。在远古年代，澳大利亚中部大片地区曾被砂岩覆盖，经过几千万年的风雨沧桑，大片砂岩已风化为沙砾，只有这块巨岩凭着它特有的硬度抵抗住了风雨剥蚀，岿然不动。

艾尔斯岩独特之处不仅仅在于它是地球上最大的单体岩石，还在于它犹如一座超越时空的自然纪念碑，突兀于茫茫荒原之上，色彩随着日光和天气而变化多端。人称“魔石”的艾尔斯岩，可谓名副其实。

这块地球上最大的单体岩石还被称为“魔石”。因为巨岩最神奇之处是会变色，随着日光的变化，它会呈现不同的颜色。当朝霞满天、旭日东升时，巨岩披上了浅红色的盛装；中午时分，巨岩变成橙黄色；当傍晚夕阳西下时，巨岩呈深红色，在蔚蓝的天空下犹如熊熊燃烧的火焰；当夜幕降临时，岩石又换上了黄褐色的晚礼服。而当沙漠下起雨来，据说巨岩又会穿上黑色的“燕尾服”，向人们展示着它的神秘和威严。

巨岩的根部有水泡渍的坑洞和绘有土著人画的岩洞。巨岩的顶部有大约6米深的由水流冲击而成的渠沟，有由于侵蚀而形成的山脊和岩坑。每当风雨交加时，峰顶坑洞水满外溢，就会有244米长的白色瀑布高挂在红色的岩壁上，千百年来，在岩面上镌刻出无数平行的直线纹路，使巨岩形状像两端略圆的长面包。

土著人赋予巨岩许多传说故事。由于艾尔斯岩恰好位于澳大利亚大陆的中心，当地人便把巨岩看成是澳大利亚的心脏。这块巨岩在土著人心目中是圣地，许多部落的土著人的成年仪式都要在这里举行。

如果你亲身接近了艾尔斯岩，那壮观雄伟的气势不震撼了你的全部细胞才怪。它从每一个角度所表露的赭红色曲线，也让人着迷。而且，不论你以何种心情来到这里，都不要忘了这里是土著人的家，必须虔诚，必须守礼，要是你能够带着被净化过的心灵离去，那就是你的幸福了。

落日余晖把艾尔斯岩硕大无比的岩体勾绘成一种浓郁鲜明的橘黄色彩。

岩塔沙漠

Pinnacles Desert

岩塔沙漠虽然是少有游客光顾的不毛之地，但沙漠中奇形怪状的岩塔却吸引着富有挑战精神和好奇心的人前往一试。

★名称：岩塔沙漠
★位置：澳大利亚

岩塔沙漠位于西澳大利亚首府珀斯以北约250千米处，临近澳大利亚西南海岸线。这片沙漠荒凉不毛，人迹罕至。沙漠中林立着无数塔状孤立的岩石，故而得名。

如果没有岩塔，岩塔沙漠最多是一片飞沙走石的荒蛮之地，永远不会引起世人的注意。岩塔的出现，给这片沙漠带来了无尽的神秘和沧桑，激发了世界各地的探险爱好者和考古学家的极大兴致。

岩塔沙漠永远是一片死寂，只有风在呜咽，如泣如诉。如果科幻小说家要写一部描写熔岩塔的惊险小说，此地可作为最理想的背景。这里风卷流沙，人迹罕至，唯有岩塔林立，才招来人类的足迹。

那些奇形怪状的岩塔，在沙漠上投下一个个轮廓鲜明的黑影，景色就像月球表面一样，令人一见难忘。暗灰色的岩塔高1～5米，矗立在平坦的沙面上。往沙漠腹地渐行，灰色逐渐变成金黄。岩塔数目成千上万，分布面积约4平方千米。岩塔形状各异，有些大如房屋，有些则细如铅笔，有的表面平滑，有的则像蜂窝。许多岩塔有了名如其形的名字，比如“鬼影”“骆驼”“大袋鼠”等，给这个不毛之地注入了些许生趣。

科学家研究发现，构成岩塔的原始材料是帽贝等海洋软体动物。70万～12万年前，这些软体动物在温暖的海洋中大量繁殖，死后其贝壳破碎成石灰沙。这些石灰沙被风浪带到岸上，一层层堆成沙丘。最后，在冬季多雨、夏季干燥的地中海式气候下，沙丘上长满了植物。植物的根系使沙丘变得稳固，并积累腐殖质。冬季的酸性雨水渗入沙中，溶解掉一些沙粒。夏季沙粒变干，溶解的物质凝结成水泥状，把沙粒粘在一起变成石灰石。腐殖质增加了下渗雨水的酸性，加强了胶黏作用，在沙层底部形成一层较硬的石灰岩。植物根系不断伸入这层较硬的岩层缝隙，使周围又形成更多的石灰岩。后来，流沙把植物掩埋，根系腐烂，在石灰岩中留下了一条条缝隙。这些缝隙又被渗进的雨水溶蚀而拓宽，有些石灰岩被风化掉，只留下较硬的部分。沙被吹走后，它们就露出来成为岩塔。岩塔上有许多条沙痕，记录了沙丘移动时沙层的厚度及其坡度变化。

在1956年澳大利亚历史学家特纳发现它们之前，外界似乎对此一无所知。科学家估计，这些岩塔在20世纪以前至少露出过沙面一次。因为，有些石柱的底部发现黏附着贝壳和石器时代的制品，证明这些尖岩可能在6000年前曾被人发现过。

岩塔沙漠迷漫着浓烈的神秘氛围，即便在当地土著的传说中似乎也找不到蛛丝马迹。唯一可以解释的理由是，沙漠上风吹沙移，会不断把一些岩塔暴露出来，又不断把另一些掩盖起来，因此，几个世纪以后，这些岩塔有可能再次消失。

时间能改变一切。你相信吗？

岩塔沙漠上的石灰质岩石是大自然花费数万年时间完成的杰作，其出现与消失同样神秘。

埃特纳火山
Etna Volcano

人们认为，埃特纳火山展示了生命的迹象。“如果没有埃特纳，这里将了无生机。”著名火山学家萨尔瓦托雷·卡福曾经如是说。卡福同时也提到，当你闻到空气中的硫黄味时，你的整个脊柱都在颤抖，这就是新生，地球的新生。

★名称：埃特纳火山
★位置：意大利

古罗马人坚信，埃特纳火山隆隆喷发是火神伏尔甘发怒了，火山（volcano）一词于是开始进入他们的日常词汇。

埃特纳火山是意大利著名的活火山，也是欧洲最高的活火山，位于意大利南部的西西里岛，海拔3340米。埃特纳火山处在几组断裂地层的交会部位，一直活动频繁，它是有文字记载以来喷发历史最为悠久的火山，可以上溯到公元前1500年，到目前为止已喷发过200多次。

危害最大的一次喷发是在1669年3月8日星期五的夜间。地震过后，从埃特纳火山内传出轰鸣声。在接下来的那个周一，一天内就发生了3次猛烈的喷发，重达136千克的巨砾被抛向几千米高空，炽热的火山渣落在周围乡村地区，给村民带来了毁灭性的灾难。据有关方面估计，这次火山爆发吞噬了10万人的生命。

近年来，埃特纳火山一直处于活动状态，几千米外就能看到火山上不断喷出的气体，呈黄色和白色的烟雾状，并伴有蒸汽喷发的爆炸声。

埃特纳火山曾经“假寐”了数年。2002年10月27日的凌晨，它终于又突然醒来，喷出的熔岩高达数十米，浓密而巨大的烟柱直冲云霄。2002年的埃特纳似乎异常活跃，仅下半年就接连爆发了3次，其壮观的奇景令人心摇神荡，造成的损失却令人触目惊心。

最要命的是，埃特纳火山的惊醒期难以预测，这对世世代代居住在附近的人们构成了巨大的威胁，距埃特纳约20千米的尼科洛西镇就曾被火山爆发和随之引起的地震毁坏过两次。但是，人们眷恋这片土地，坦然面对危险，他们早已做好了冒险的准备。

附近的居民宁愿冒着生命危险，也期待着观看火山爆发的壮观景象。对火山学家来说，埃特纳的爆发也始终是令人振奋的美事。当它爆发时，喷射出来的熔岩就像无数漂亮的烟花在上空展现，壮观的景象引来了无数人的惊叹。

埃特纳火山是世界上爆发次数最多的火山。据统计，自埃特纳火山首次喷发以来，累计造成死亡人数已达100万。

埃特纳火山以它的狂暴统治着西西里岛东部的大部分地区，同时，又以它的美丽吸引着全世界的旅游者。这里冬天是滑雪者的天堂，夏天又是理想的避暑胜地。地中海的气候虽然比较温和，昼夜温差只有5℃～6℃，但由于海拔的因素，埃特纳火山在不同的高度有着不同的气候和植被，从而也就有着许多截然不同的美丽景色。这里的人们世代都利用肥沃的火山土种植庄稼。如今，他们又得益于旅游业。

埃特纳火山即使在停止喷发的休眠期内，内部也处于持续沸腾的状态之中，火山口则始终冒着浓烟，因此，意大利政府将它列为“高度危险区”，禁止游人登山游览参观。但每次火山爆发时，欧洲各国乃至世界各地的无数游客，却不约而同地蜂拥而来。活火山的喷射奇景，加上积雪的山峰、山坡的林带和山麓的果园、葡萄园和橘子林，给当地的旅游业增添了无限的活力。

基拉韦厄火山
Kilauea Volcano

火山爆发，最容易使人联想起的，便是毁灭与死亡。然而，基拉韦厄火山不仅不是死亡的坟场，反而是生命的乐园。这里设立了国家公园，它牵动着世界各地游客的神经。

★名称：基拉韦厄火山
★位置：美国（夏威夷）

提起火山，人们很容易想起炽热的岩浆喷射奔流、吞没一切的可怕景象——当年，历史文化名城庞贝就是惨遭火山熔岩淹没的。但美国夏威夷火山群中的基拉韦厄火山却与众不同，它喷发时，人们不是四处躲避，相反，却忍不住争先恐后地前往观光。从地质学的角度看，基拉韦厄火山喷发，是平稳地喷出高度流动性的玄武熔岩，而不是爆炸式的火山发作。在最近的150多年里，只有一人不幸死于基拉韦厄火山爆发。

基拉韦厄火山是一座活火山，海拔1247米，至今仍经常喷发。火山口深130余米，里面又包含有许多小火山口。整个火山口仿佛一口大锅，大锅中又套着许多小锅。在火山口的西南角，还有一个火山口，直径约1000米，深约400米，当地土著人称它为“哈里摩摩”，意为“永恒火焰之家”。

基拉韦厄火山的“脾气”相对于世界上其他火山来说，

基拉韦厄火山公园建立于1916年，占地面积930平方千米。这里火山成林，世界上最活跃的火山就位于这里。像这样的火山喷发场面可谓家常便饭。

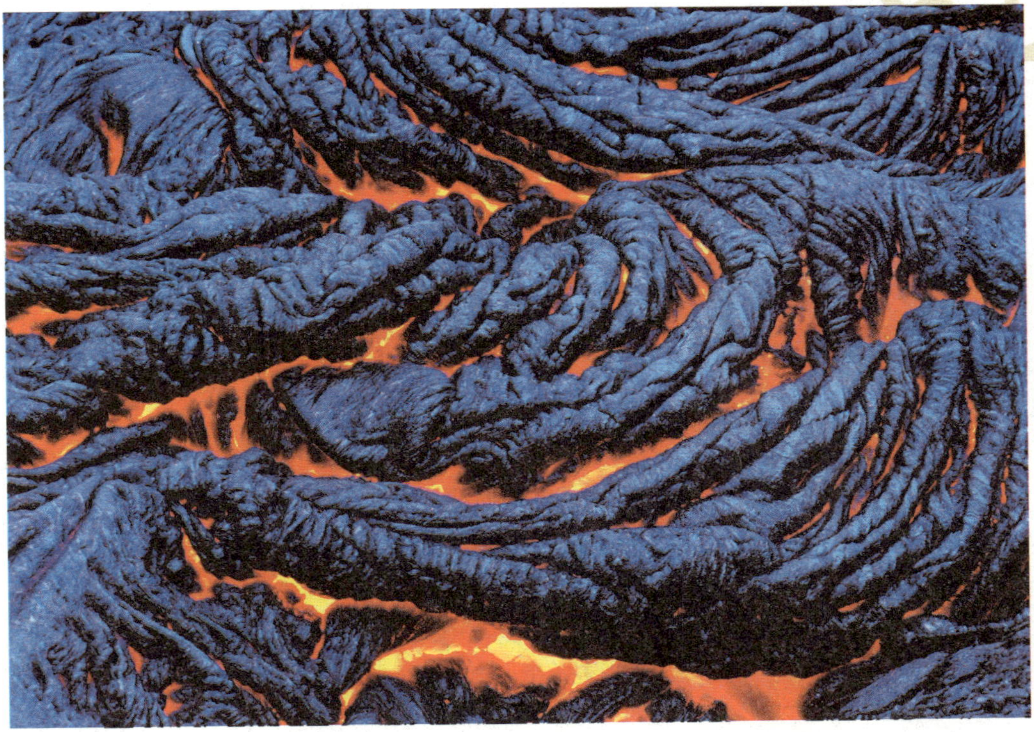

火山熔岩凝固而成的黑色波皱面，如同扭结的粗绳。

比较温和，它的喷发没有大的破坏性，喷发对其来说乃家常便饭，人们也早已习以为常。

火山口里贮满炽热的熔岩，像个“熔岩湖”，“湖”中熔岩时涌时降。火山活动强烈时，“湖面”升高，熔岩外溢，如钢水奔流，蔚为壮观，形成所谓“熔岩瀑布”。熔岩向上喷发时，则可构成“熔岩喷泉”的奇景。夜幕降临时，“湖面”像披上了一道金光，从裂缝中迸发出的一朵朵耀眼的金花，在夜色中不停地闪烁。

夏威夷人传说，基拉韦厄火山是失恋的女神碧蕾居住的地方，这里时时喷射的烈焰便是碧蕾的忌妒之火。夏威夷人同时也相信，火神佩莉被她那发怒的姐姐海神赶走后，来到了夏威夷火山居住下来，她云游了一座一座火山，最终在基拉韦厄岛的赫尔莫莫火山口找到了一个安全的家园。我们所看到的火山喷发，据说就是火神佩莉不时突发隐忍的怒火。

失恋女神也好，隐忍火神也好，基拉韦厄火山都给夏威夷群岛在自然的绝色之上，又平添了一道文化的魅力，成为夏威夷千百年享用不尽的神赐财富。

瑙鲁霍伊火山

Ngauruhoe Volcano

瑙鲁霍伊呈完美圆锥状的山体，在朝晖夕阴的变化中变幻着丰富的色彩，世界上没有另外一座火山，可以在狂暴之余，呈现出如此妩媚静谧的美丽。

★名称：瑙鲁霍伊火山
★位置：新西兰

作为新西兰最著名的火山区，汤加里罗国家公园里分布着15座近代活动过或正在活动的火山，呈线状排列，向东北延伸。有一座火山口常年不息地升起一股巨大的白色烟柱，景象最为壮观，几乎吸引了所有踏上汤加里罗的游人的眼球，这就是瑙鲁霍伊火山。

瑙鲁霍伊火山呈圆锥形，山坡陡峭，顶部是直径400米的火山口，自19世纪30年代以来，一直处于活动状态。隔年就有一次剧烈的活动，喷出的火山灰像雨点一样散落。喷出的熔岩一边顺着山坡流淌，一边涂改着火山的形状，在主火山口内重新生成次生火山锥。

就火山的活动而言，瑙鲁霍伊火山还在青年时代。该地区的火山活动始于200万年以前，而瑙鲁霍伊火山的轮廓仅在2500年以前才形成。多少年来，新西兰土著毛利人一直对瑙鲁霍伊火山敬若神明，经常在这里举行隆重的祭祀仪式。

1839年，英国植物学家比德威尔悄然登上了瑙鲁霍伊火山的顶峰，这使当地土著居民怒不可遏。不知道是不是英国人的粗鲁冒犯了神灵，他登山时，火山再次复苏了，发出“颇像蒸汽机安全阀放气”的响声，持续了约半小时。1887年，毛利人为了维护山区的神圣，不让欧洲人把山分片出售，就以瑙鲁霍伊等3座火山为中心，把半径大约1.6千米内的地区献给国家。1894年，新西兰政府正式挂牌建立汤加里罗公园。

古老的、在现代人看来有些愚昧的信仰拯救了大自然，而瑙鲁霍伊火山也投桃报李，让人类饱吸了自然与文化的双重甘泉。

和其他火山相比，瑙鲁霍伊火山几乎显得有些稚嫩——它的形成期在过去2500年间。但是它的美丽面容却是其他火山所无法企及的。

哈莱阿卡拉火山口
Haleakala Crater

哈莱阿卡拉在深度、宽度上皆堪称巨大，再加上3055米的海拔，使其成为世界上最大的休眠火山。然而，赋予它传奇般魅力的并不止于此，它本身的独特景致，再加上夏威夷独有的浪漫与激情，总是令数不尽的探险者慕名前来。

★名称：哈莱阿卡拉火山口
★位置：美国

阳光、沙滩、温泉、草裙舞，在各色皮肤的人们心中，夏威夷永远是一块充满浪漫气息的度假胜地。今天，让我们去探访夏威夷的浪漫之源、“太阳升起的地方”——哈莱阿卡拉火山口。

夏威夷毛伊岛上的哈莱阿卡拉火山口，是多次火山喷发和经年累月风雨侵蚀作用的见证。岁月拓宽和夷平了火山口，使它达到现在的巨大规模。火山口的周边长34千米，足以容纳整个曼哈顿岛；火山口深达800米，仿佛探到了地球的核心。哈莱阿卡拉火山最后一次喷发是在1790年。作为休眠火山，尽管很长时间没有爆发了，但谁也不排除它再度爆发的可能性。

哈莱阿卡拉阅历了90万年的自然变迁，是夏威夷人心中“太阳升起的地方”。的确，太阳每天都从哈莱阿卡拉火山升起，对于夏威夷人来说，哈莱阿卡拉火山不仅仅是一座火山，它见证了夏威夷人自然天性的形成，目睹了这块土地的沧海桑田。每天从这里喷薄而出的朝阳，仿佛一遍一遍向夏威夷人讲述着这片土地的来历。

银剑树在干热的哈莱阿卡拉火山口最高可长到1.5米高，每隔10～15年才会开一次花。

传说中，天父瓦吉亚和大地母亲帕帕卡波拉卡共同孕育了这片土地，它们首先诞下了夏威夷，毛伊是它们的第二个孩子，也是个漂亮的孩子。这个传说是夏威夷历史的重要一页，尽管夏威夷已经归属美国，但夏威夷人不会忘了自己的根，这是他们自然天性的由来。

传说，来自塔希提的火山女神佩莱曾掌管整个夏威夷，平时在太平洋诸岛云游，一旦回家，哈莱阿卡拉火山便膨动相迎。后来，在哈莱阿卡拉火山的谷地上，火山女神佩莱和海神展开了一场恶战，佩莱被打败，她的领地也只剩下了哈莱阿卡拉火山。夜色中，当地的土著居民常在哈莱阿卡拉火山上围着篝火起舞，向居住在这座活火山中的女神膜拜。

动人的传说为古老的哈莱阿卡拉火山蒙上了一层神秘的面纱，但同时，哈莱阿卡拉火山以其宽广的胸怀和气魄保护着当地的夏威夷人，是他们心目中的神，是他们心中的骄傲。

哈莱阿卡拉火山口内挨挨挤挤坐落着许多处于休眠状态的火山，这些休眠火山犹如一个个弹坑，火山口简直成了“弹坑的盛宴”。

尼亚加拉瀑布
Niagara Waterfalls

尼亚加拉瀑布若论宽度、落差、流量和变化，都不如伊瓜苏瀑布和维多利亚瀑布，它之所以能与前两者齐名，除了它的“马蹄”造型外，最重要的是它依然保持着最为清澈透明的美丽水色。

★名称：尼亚加拉瀑布
★位置：美国、加拿大交界处

最美丽的事物不一定在形体上是最大的，但可以肯定的是，它一定极具能量，使人在无形中有种为之倾倒折服的感觉，这种折服不是委屈，而恰恰是一种幸福。也许当你看到尼亚加拉瀑布的时候，你会对这句话理解得更为深刻。尼亚加拉瀑布并不是世界上最高、最宽或最大的瀑布，但它肯定是世界上最美丽的瀑布。即使是对美的概念向来模糊的人，当面对尼亚加拉瀑布时，也会幡然觉悟到自己是找到了美的最好确证。

据考证，尼亚加拉瀑布形成于最后一次冰期末期，到现在至少已有1万年的历史。伊利湖水途经地表石灰岩断层，泻入比它低100多米的安大略湖，形成巨大的落差，造就了尼亚加拉瀑布的奇观。尼亚加拉河上的戈特岛（又名山羊岛）将整个瀑布分为两大部分：亚美利加瀑布在美国境内，高55米，宽305米，呈婚纱形；马蹄瀑布在加拿大境内，高56米，宽792米，弯成巨大的半圆形，形似马蹄，因而得名，尼亚加拉瀑布95%的水量通过这里。一瀑而为两国分享，也许是因为美的能量巨大到一国消受不起吧。

尼亚加拉瀑布的水汽丰沛而浩瀚，水声震耳欲聋，震撼了所有前来观赏的人们。

瀑布之壮观，只在“声”与“势”。“尼亚

加拉”在印第安语中是“水声如雷”的意思，土著人的听觉应该较我们这些“文明人”更为敏锐，直接将其命名为“水声如雷”也足见他们的淳朴。而尼亚加拉瀑布却不是仅仅用“淳朴”二字可以道尽的。白天，它水声震耳欲聋，溅起的浪花和水汽，高达100多米，显得浩瀚而高耸。如果足够幸运的话，人们还会在阳光灿烂时，看到大瀑布的水花飞溅处升起一弯美丽的七色彩虹。昼夜交替的时候前往观赏的话，还能看到随着光线的变化而变幻出各种色彩的极为壮观的美景。远方的美国和加拿大边境城市，万家灯火，斜阳余晖照在瀑布的上半部分，而下半部分则被冲天而起的水幕遮挡起来，再加上岸上绿树的映衬，这番美景让人不知是梦是醒。

没有尼亚加拉瀑布，世界上还有很多瀑布会让人倾倒；但是缺了尼亚加拉瀑布，这世界便缺了一分美，人们也少了一个激动的理由。这似乎是等而下之的说法，其实我们甚至可以这样说：如果你见过尼亚加拉瀑布，你就不想再看其他瀑布了。美得摄魂夺魄的力量，似乎就在这排斥他物、非我莫属的气概之中。

和马蹄瀑布792米的宽度相比，305米宽度的亚美利加瀑布自然显得小巧多了，不过却也因为它的小巧和形似婚纱而招人怜爱。

染上晨光的马蹄瀑布，如同奔腾的火焰，泻向安大略湖。

维多利亚瀑布

Victoria Waterfalls

利文斯敦在描写维多利亚瀑布的壮观景象时写道："英格兰人无法从他们见过的东西中，想象这景象的壮美。欧洲人的眼中从未出现过这美丽的景象，即使天使从天上飞过，也会对这儿的景色流连忘返。"

★名称：维多利亚瀑布
★位置：津巴布韦、赞比亚交界处
★正式名称：莫西奥图尼亚瀑布

赞比西河滚滚流逝，在河流平缓前行之处，造化不知何故抽刀将河床拦腰斩断，造出一道长约2千米、宽和深各约百米的峡谷。于是乎，河水像骏马脱缰，又恰似银河落地，飞流直下，在悬崖断壁间形成滔滔白浪，直泻谷底，发出隆隆巨响，又兼雾气冲天、降下沙沙雨点，阳光折射中，飞架起道道彩虹——这就是气势磅礴、绚丽多姿的维多利亚瀑布。

大瀑布所倾注的峡谷本身就是世界上罕见的天堑。这里高峡狰狞，苍岩如剑，巨瀑翻滚，疾流狂奔。利文斯岛从当中阻隔，将维多利亚瀑布分为魔鬼瀑布、主瀑布、马蹄瀑布、彩虹瀑布和东瀑布5段，前4段位于津巴布韦，后一段属于赞比亚。

沿着大瀑布西岸风景如画的小径，就听到愈来愈大的隆隆涛声，天空中不时飘来绵绵雨丝，抬头张望，艳阳当空，一道绚丽的彩虹飞架南北两岸，这就是雄伟绝世的魔鬼瀑布。魔鬼瀑布承载着当地人的精神信仰。人们虔诚地相信，瀑布的巨浪能把妖魔鬼怪一冲而光，从而驱散厄运和灾难，千百年来，这在当地似乎已经成了一个亘古不变的真理。

维多利亚瀑布的宽度超过2千米，瀑布奔入玄武岩海峡，水雾形成的彩虹远隔20千米以外就能看到。

主瀑布，以水流量最大著称。抬起头，满目水帘，半空银光飞泻，深谷云腾雾绕，着

维多利亚瀑布最大的特色在于其巨大的声威和腾腾水雾，水雾最高可腾至300多米高空。在当地语言中，维多利亚瀑布被称为“莫西奥图尼亚”，意即“雷霆翻滚的雨雾”。

实令人叹为观止。这不加任何人工修饰的景致，折射的是一种古朴的原始美。雨中的谷底云雾升腾，大瀑布时隐时现，活像一位婚纱掩面的新娘，呈现的是一种缥缈的朦胧美。马蹄瀑布状似万马奔腾于绝壁，隆隆的涛声更似战鼓咚咚，雄壮的动感美让人精神为之一振。

彩虹瀑布则会在阳光下横空映出道道彩虹。不经意间，你就会发现一道道彩虹从峡谷里、瀑布间甚至树林中升起，临近方觉细雨淋身，飞瀑如潮，彩练生辉。置身其中，飘飘欲仙。在赞比亚一侧，不但能看到东瀑布的全貌，而且能将彩虹瀑布的美景尽收眼底。河床宽度从2000米骤然浓缩到几十米，两边对流的白浪在此渐成静流，咫尺之遥就从跳涧飞奔转化为娴静清流，宛若《命运交响曲》的乐章转换。

仔细品味，维多利亚瀑布更有一种悲壮之美。不是吗?历史的车轮滚滚向前，魔鬼瀑布冲走了殖民者强加在非洲人民头上的厄运，马蹄瀑布则鼓舞着非洲人民斗争的勇气，主瀑布的怒吼声震碎了殖民主义的黄粱美梦——大瀑布两岸的人民先后赢得了国家的独立和民族的解放……由此，它见证了周遭人民的一部近代历史。

安赫尔瀑布
Angel Waterfalls

这个地区的热带雨林茂密，无陆路可通，人们难以步行抵达瀑布的底部。雨季时，河流因多雨而变深，人们可以乘船逆河而上到达那里。但是，在一年的其他时间里，只能乘飞机作冒险旅行才能观赏到瀑布的雄姿。飞机在峡谷中盘旋穿行，你一下就会进入探险者的角色，只觉得自己在续写自哥伦布以来的探险新篇章。

★名称：安赫尔瀑布
★位置：委内瑞拉
★别名：天使瀑布、丘伦梅鲁瀑布

瀑布使人从心底感到大自然的震撼力，它壮观美丽，同时也充满了生机，是大自然的脉动，是大自然的乐章。

委内瑞拉素有“瀑布之乡”的美称。在它崎岖多山的国土上，千万条河流穿山过岭，形成无数大大小小的瀑布，其中最为著名的，当属世界上落差最大的安赫尔瀑布。

安赫尔瀑布，又称丘伦梅鲁瀑布，位于委内瑞拉东南部卡劳河（卡罗尼河支流）的源流丘伦河上，1935年被美国探险家吉米·安赫尔于飞行中发现，并因此而得名。它隐藏在密林丛生的高山幽谷之中，千百年来鲜为人知。以前，只有当地的印第安人知道这个瀑布的位置，并为它取名“出龙”。

安赫尔瀑布是一个多级瀑布，它从圭亚那高原奥扬特普伊山的陡壁凌空泻下，几乎未触及陡崖面，一泻到底，落差竟达979米，最高一级落差达807米，宽约150米。瀑布于高山峭壁之间，凌空飞垂，珠飞玉溅，云雾蒸腾，山谷轰鸣。衬以两旁藤缠葛绕的参天古木和嶙峋山石，壮丽之外又添几分肃穆之美，使安赫尔瀑布愈显气势磅礴，蔚为奇观。近看，它壮丽如人间飞虹；远眺，它柔美如月笼轻纱。每当晨昏之际，云雾弥漫崖顶，瀑布宛如一条英姿勃勃的银龙从天而降，发出隆隆的雷鸣声，在谷底珠飞玉散。如果遇有阳光照射，便有一条美丽的彩虹悬挂在柔媚的水雾上，像是有人在舞动彩练，引逗这奔腾咆哮的蛟龙。

委内瑞拉著名的游览胜地卡奈马国家公园就因安赫尔瀑布而身价倍增。公园里河流交错，飞瀑争喧，高山壁立，并有一望无际的热带雨林和开阔的草地。另外，还有以磅礴气势著称的“斧头瀑布”，好似千万头猛兽互相扭打着从百米高空翻滚下来，跌入深渊，激起巨大浪涛。深山幽谷中雾气蒸腾，景色蔚为壮观。

委内瑞拉人永远感谢上帝的造化之功，赐予资源相对匮乏的祖国这件珍宝。一帘瀑布，整体提升了委内瑞拉的知名度和竞争力，这是不争的事实。在一处处自然风光日益惨遭现代文明侵袭的今天，如何保持它原始的面貌，如何让它持久震撼人类，恐怕正是包括委内瑞拉人在内的所有现代人应该思索的问题。

安赫尔瀑布并没有世界上其他著名大瀑布的那种宽大瀑流，相反，它倒显得十分瘦削，但979米的落差足以使它名列世界瀑布高度之首。

伊瓜苏瀑布

Iguazu Waterfalls

“伊瓜苏”在南美洲土著居民瓜拉尼人的语言中，是“大水”的意思。传说这条瀑布是神在地球上撕开了一条峡谷而形成的。它是世界上最壮观的瀑布之一，与尼亚加拉、维多利亚并称为世界三大瀑布。

★名称：伊瓜苏瀑布
★位置：阿根廷、巴西

1542年，一位西班牙传教士在南美巴拉那河流域的热带雨林中，意外地发现了一个大瀑布：层层叠叠的瀑布环绕着一个马蹄形峡谷咆哮着倾泻而下，激起的水雾弥漫在密林上空，巨雷般的轰鸣声震25千米之外。世界上最宽的瀑布——伊瓜苏瀑布于是惊现于世。

源于巴西东南沿海马尔山脉的伊瓜苏河浩浩荡荡，从巴拉那高原边缘陡然落入一个狭窄的峡谷，并成为巴西和阿根廷的国界。凸出的岩石将奔腾而下的河水切割成大大小小270多个瀑布，形成一个半环形瀑布群，落差在60～82米之间，一到雨季，便汇成一道宽达4000米的巨大水幕，瀑布总水流最大时可达1.275万立方米/秒，日久天长，就形成了现在的伊瓜苏大瀑布，人们形容它为“大海泻入深渊”。水花飞溅升腾，从瀑布底部向空中升起高150米的水雾，蔚为壮观。洪水覆盖了许多石岛，全瀑连成一片。日光穿透一帘水雾，幻化成一道道缤纷夺目的彩虹，与水花流霞共舞。

在巴西一侧，伊瓜苏瀑布分级泻落。即使这样也并不影响瀑布的巨大声势，庞大的瀑流倾泻落入魔鬼喉峡谷，在洪水盛期，瀑布雷鸣般的巨响在25千米之外都能听到。

伊瓜苏瀑布与众不同之处在于观赏点多，而且在阿根廷和巴西观赏到的瀑布景色截然不同。瀑布群中气势最宏伟的“魔鬼喉”落差最大，在阿根廷这边是从上往下看，9股水流咆哮而下，惊心动魄；在巴西那边只能抬头往上看，飞瀑自

天而降，可谓宏伟壮观。

在阿根廷，既可沿蜿蜒贯穿在密林之中的小路，自下而上领略每一段瀑布的壮丽或妩媚，也可自上而下感受瀑布翻滚而下的气势。在巴西，不仅可以欣赏到阿根廷那边主要瀑布的全景，还可以坐小船接近瀑布，甚至穿过瀑布进入其内，那一刹那，有一种时空恍惚而又永恒的错乱感觉，让人不由得深深感到自身的渺小。在重重水雾中，四周是一片极纯的白光，空气中则充斥着漫天的水珠，人仿佛已随时间隧道进入另一个空间。在这种时刻，再自负的人也不可能无视大自然的力量。

穿越大瀑布是经历一次神圣的大自然的洗礼，是人与自然的融合。大瀑布与伊瓜苏丛林中的空气一样，处处弥漫着一种特有的新鲜与芳香。整个伊瓜苏就是这么生生不息，但愿人类永远能于此找到回归自然的感觉，自由地徜徉于明媚灿烂的阳光普照之下，倾听伊瓜苏千百年来依然动听的歌声。

伊瓜苏瀑布是南美洲最大的瀑布，阿根廷和巴西是南美洲最大的两个国家，这种组合该算“门当户对”——伊瓜苏瀑布正落在这两个国家的国界之上。

亚马孙雨林

Amazon Rainforest

有人说，这世界上最神秘的地方只有两处，一处是深海海底，另一处就是亚马孙丛林。流淌其中的亚马孙河，叫不出名字的奇异生物，出没无常的原始居民，没有一样不透出一种南美洲特有的神秘与蛊惑，使人既望而生畏，又悠然神往。

★名称：亚马孙雨林
★位置：南美洲

梦想中有1000个要探访的目的地，就有1000种含义。关于亚马孙丛林，听到最多的说法是“绿色地狱”。曾经有一位探险家这样描绘踏上亚马孙的“生死之旅”：人们来这儿，是因为这是地球上最后的目的地。亚马孙丛林，堪称所有旅行者的压轴之行。那既是“黄山归来不看岳”的意酣之旅，又是惊心动魄的危险之旅，你永远不知道下一分钟会发生什么。抵制不住诱惑，你只得摒去心头的恐惧，静下心来欣赏那一望无际的真正的热带雨林，神秘的原始丛林气息和奇妙的印第安部落文明，定会让你心跳不已。

亚马孙丛林是世界上面积最大的热带雨林。它不仅属于巴西人民，也是上帝赐给整个人类的珍贵礼物。成千上万种植物用几千种深浅不一的绿色冲击着你的视觉，一派摄像机永远难以定格的繁盛生机。它拥有1万种以上的树木，其中高大乔木就达4000余种。时间和空间在这里最易错位，即使你连续跋涉数小时，周围的景色仍然是似曾相识，令你仿佛陷入了一个巨大的绿色轮回。

人类至今无法确切统计在亚马孙丛林生息的动物的品种数量，在所知的上万种动物中，有8000种为巴西所独有。这里有380种两栖动物、2500多种爬行纲动物、500种

6400多千米长的亚马孙河仅次于尼罗河，居世界第二，可是流量却是尼罗河的50倍以上。此为巴西里奥内格罗地区的亚马孙河及亚马孙丛林一角，亚马孙河在里奥内格罗地区的长度约为1550千米。

鸟、700余种蝴蝶、600多种甲虫等，它们构成了一个庞大的动物王国。在这片生机盎然的林区，你可以有幸见到体长仅40厘米的猴子狨、长达10余米的巨蚺以及稀有的犰狳、狮子猴和三趾树懒等。

亚马孙河的日落举世无双。满天的晚霞，透明的云彩，心里再惶恐也无法视而不见。夜晚时分，原始森林一片漆黑，它寂静却一点儿也不安宁，森林中鸟叫虫鸣，此起彼落，好似一曲丛林交响乐。在大自然的天籁里，你像被催了眠，驿动的心不由得慢慢宁静下来。

然而，亚马孙丛林并没有因为它与现代文明格调迥异的原始而得到人类的格外珍爱，现代人止不住攫取的脚步，即使在亚马孙面前。有多少人知道，备受丽人们追捧的世界顶级香水“香奈尔”就是从亚马孙丛林的玫瑰木中提取的，而玫瑰木可是当今世界极其珍贵的濒危树种。玫瑰木生长速度极其缓慢，树种的繁衍也非常困难。现在，巴西每年为出口香奈尔香水的原料——芳香醇，要砍伐大约300棵成年玫瑰木。如果这种趋势得不到有效的控制，那么20年以后，玫瑰木将从地球上彻底绝迹。

人类已经给大自然造成了太多的创伤，其中许多又是根本难以弥补的毁灭。亚马孙，梦中的丛林，但愿人类对利益的追逐不会带给世界更多的遗憾。

亚马孙热带雨林面积368万平方千米，是全球30%的动植物的家园。

昆士兰湿热带雨林

Rainforest of Queensland

凡是到过澳大利亚的人，大约都不会轻易错过去昆士兰湿热带雨林游览的机会。在那里，崎岖的山路、湍急的河流、深邃的峡谷、白色的沙滩、郁郁葱葱的植被，构成了一幅令人一辈子难以忘怀的美景。

★名称：昆士兰湿热带雨林

★位置：澳大利亚

位于澳大利亚昆士兰湿热带地区的昆士兰湿热带雨林，是该地区的典型代表。它位于澳大利亚东北海岸，占地90万平方千米，1998年被列入《世界遗产名录》。

这里4.15亿年漫长时光孕育的生态和进化环境，特别适合于不同种类的动植物生存，同时，也给许多稀有的濒危动植物提供了良好的生存条件。在这里，可以见到许多奇特的动植物，其中一些可追溯到澳大利亚还是古冈瓦纳大陆一部分的时代。这里不仅拥有世界上最古老的树种，而且至少有483种稀有动物和83种面临灭绝的动物在这个地区繁衍生息，其中有25种为特别稀有动物。

昆士兰湿热带地区包括许多国家公园，如德恩蒂国家公园、巴龙乔治与乌龙努兰国家公园。这里保护着澳大利亚最广阔的湿热带雨林。这里也有其他的生物群落，但最多样和最美丽的群落就是雨林。雨林植物类型极其丰富，几乎保存着世界上最完整的地球植物进化纪录。在整个世界范围内，只有它最集中地保存了原始开花植物种群。

这个神奇的雨林可分为13种结构类型，按气候带和土质特点又进一步分为27个群落。从空中缆车鸟瞰大片的雨林，满眼只是无边无际的绿。在云翳笼罩、大风吹掠的高坡和山脊，生长着藤本植物和灌木；在1500米高的山区，树冠低矮、树丛繁密，显示出飓风侵袭的影响；低地带的生机最为茂盛，掩藏着大量独特树种。

仅德恩蒂国家公园就有两处世界遗产，这里的雨林一直生长到海岸边，边缘扩展到了大海里，与大堡礁相连。这种奇景不仅在澳大利亚独一无二，在全世界也是屈指可数的。

引人入胜的景致与稀有甚至濒危的动植物种类共存在这片雨林里。全世界最大的鸟——澳大利亚食火鸡无疑是雨林的骄傲，这种鸡站立时竟高达2米；麝袋鼠等也是享受贵宾礼遇的野生动物；有50多个动物种类为这个地区所独有，约33%的澳大利亚有袋类动物、25%的蛙类与爬行动物和大约60%的蝙蝠与蝴蝶生活在这片湿热地带。

现在，世界上的许多热带雨林正在以惊人的速度不断减少，并面临着随时灭绝的危险。而昆士兰湿热带雨林迄今几乎未受到人类的侵扰。它就这样静静地躲在世界的一隅，看世界沧海桑田，默默无语。那恢宏的自然景观和自在和谐的生物世界，足以引发人类的深思。

特里比莱申角是澳大利亚境内最大的原始热带雨林区，这里的雨林对生物物种的保护起到了不可替代的作用。

南极洲
Antarctica

对于我们大多数人来讲，南极是一个可望而不可即的地方。正是这份可望而不可即，造就了南极的美，也赋予了这片冰雪大陆宛如童话般的神秘和诗意。

★名称：南极洲
★位置：南极洲
★面积：1404.6万平方千米

我们的星球在茫茫宇宙中是一颗蔚蓝色的行星，生命之水赋予了它最美丽的容貌。可是，水在地球两极却不堪忍受极地的奇寒，凝成一片白色的世界。和北极的浮冰比较起来，南极的冰层气势恢宏，更富阳刚之美。

南极洲周濒太平洋、印度洋和大西洋，是世界上地理纬度最高的洲，约占世界陆地总面积的9.4%，由围绕南极点的大陆、陆缘冰和岛屿组成。直到今日，除了科考人员外无常住居民。

冰盖无疑是南极最奇丽的景观。它横在海面上，边缘如刀切的截面，奶油般洁白，看去像一只冰激淋蛋糕盛在蓝色的托盘上。而当日出或日落时分，太阳在冰盖顶上燃烧，恰似点燃了一支生日蜡烛。

白茫茫一片的南极大陆看似水分充足，实际上是地球上最干旱的地区之一。整个大洲年平均降水量仅为55毫米，极点周围几乎没有降水，与撒哈拉沙漠的年降水量差不多；并且，严寒使得稀少的降水也基本上都是固态的雪花或雪粒，除了南极半岛北端和一些处于较低纬度的岛屿在暖季有少量降雨外，整个南极大陆根本看不见降雨。科考人员即使是身处冰天雪地之中，仍然感到空气干燥难耐，几

帝企鹅是企鹅家族中体形最大的一种，向来被人们认为颇有绅士风度，而且憨态可掬，招人怜爱。它是南极所独有的企鹅品种。成年帝企鹅的颈项周围有一块黄色，胸腹洁白，而幼年的帝企鹅则浑身灰黑。

乎所有人的嘴唇都会裂出深深的口子，因而南极又有“白色荒漠”之称。

位于南极爱德华七世半岛与罗斯岛之间的罗斯冰架，是世界上最大的冰架。它东西长800千米，南北最宽970千米，冰架靠海边缘高60米，接近陆地的边缘最厚达750米。冰架面积约52万平方千米，相当于法国的面积，四周冰壁陡峭，险峻非凡，填满了南极的一个巨大海湾。

1841年，一支英国海军探险队乘坐两艘特别加固的三桅木船，穿过通往南极洲的太平洋浮冰区，企图确定地球南磁极的位置。4天后，他们驶出浮冰区，一心希望前面的航道畅通无阻，不料，迎面遇见一堵硕大无朋的冰壁挡住去路，探险队长罗斯爵士惊呼道：“要穿越这道冰壁犹如穿越多佛悬崖，绝无可能！”这座挡住他去路的南极巨大冰架，后来就以他的姓氏命名，罗斯冰架也因此为世人所知。现在，罗斯冰架仍以每天1.5～3米的速度向海洋伸展。

企鹅是南极最具代表性的动物。

在人迹罕至的南极洲，埃里伯斯火山是地球上已知区域最南端的一座火山，它终年和冰雪相伴，喷发景象令人胆战心惊。

1978年，在南极新西兰斯科特站工作的野外求生专家蒙提斯报道说："数十枚熔岩飞弹一边打转，一边在我们头顶高处盘旋，像电影里的慢镜头。有些'轰隆'一声从天空坠落，其他自我们中间飞过，有的快，有的慢。大多数如茶壶，少数比茶壶大得多……纷纷落在主火山口中，融掉积雪，激起热水和蒸汽，嘶嘶喷上半空。"这座冰火相伴的山峰，正是以这种独特的魅力，向世人展示着大自然的神奇与瑰丽。

南极号称世界的"风极"，烈风终年无休无止，平均风速17～18米/秒，最大风速可达75米/秒。巨大的南极冰盖就是风源，它不断用冰雪的躯体冷却空气，孕育风暴。沉重的冷空气在中心区域沿着光滑低斜的表面向四周俯冲下来，雪冰夹带着沙子滚滚而来，简直像泛滥的洪水一样肆虐，人在暴风中就像湍急流水中的一片叶子。大风容易酿成火灾，加之缺乏液态水源，一旦着火，势必造成可怕的灾难。因此，

虽然冰层几乎覆盖了整个南极洲，但这里仍有与整个南极洲地理环境迥异的干谷存在。赖特干谷就是其中一个。赖特干谷中的范达湖，湖底的60米深处水温高达25℃，成为南极奇观中的"奇观"。

南极海豹过着群居的生活。雌性南极海豹以磷虾为食，雄性南极海豹的食物则除了磷虾外，还有鱼类和企鹅。它们生性好奇，而且性情温和。

防火就成了在南极生活的科学家们最担心的问题。

企鹅是南极动物中的“绅士”，大多分布在南极半岛北部及其周围群岛附近。虽然它们在陆地上行动笨拙，但在水中却灵活自如。企鹅是南极的土著居民，也是南极的象征，给这个冷落寂寞的冰雪世界带来了生机。现已发现南极地区约有1亿只企鹅，占世界海鸟总数的1/10。

扎沃多夫斯基岛是南桑德威奇群岛的一个小岛，宽不到6千米，东距南极半岛北端1800千米，1819年由俄罗斯人首先发现。这里是南大西洋上的一个偏远宁静的小岛，每年有几个月，一群群企鹅蜂拥来到岛上，喧闹声震耳欲聋。生活在扎沃多夫斯基岛上的企鹅主要为颏纹企鹅，它们脚很长，颏下有一道黑纹。一同在此的岩企鹅，有一个黄色的羽冠。企鹅是群居动物，少则数百只，多达20余万只。每年春天，仅来到扎沃多夫斯基岛上的颏纹企鹅，就有1400万对，使得小岛热闹非凡。

1911年，挪威探险家罗尔德·亚孟森率领的探险队和罗伯特·斯科特带领的探险队首次抵达了南极点。为了纪念这两个探险英雄，南极点上的考察站就被命名为亚孟森—斯科特站。至今，已经有20个国家在那里建立了科学考察站，科学考察工作者常年与生活在这里的企鹅、海豹、海燕和谐相处，来自世界各地的科学考察站的友邻们不分国界，不分肤色，亲如一家。

无论是科考工作者，还是少量的南极探险者，在南极生活都得小心翼翼，除了对自身的保护，对环境的保护意识也在时刻提醒着人们。人类文明进程的每一步，都是建立在历史的教训之上的，如果南极不重蹈覆辙，而能成为人们学习保护环境的课堂，这无疑将是南极与人类的共同福祉。

大平原 The Great Plain

巨人之路

Giant's Causeway

棉花堡 Cotton Castle

尼罗河 Nile

多瑙河 Danube

密西西比河

Mississippi

佛罗里达湿地

The Florida Everglades

纳库鲁湖 Lake Nakuru

的的喀喀湖 Lake Titicaca

埃尔湖 Lake Eyre

坎贝尔港 Port Campbell

大堡礁

Great Barrier Reef

罗托鲁阿 Rotorua

……

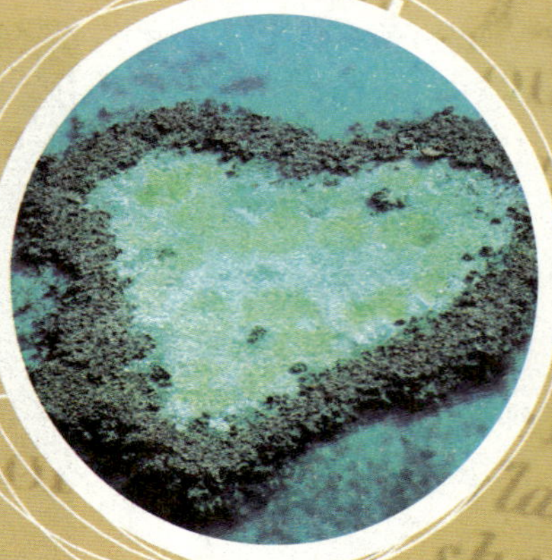

If Paradise Could Whisper

大自然的低语

大平原
The Great Plain

谁也留不住逝去的时光，然而，谁都不能阻挡我们保留一段最珍贵的记忆。无疑，浩瀚的大平原可以成为人们生命中最富有色彩、最值得怀念的一段。

★名称：大平原

★位置：美国

“高高的落基山，无边的大平原。
莽莽苍苍的绿色原野，
曾是我们祖先的家园。”

这是一首古老的印第安民歌。从纵贯美国西部的落基山脉以东，辽阔的平原绵亘千里。遍布原野的青草，养育着众多的动物。大平原一岁一枯荣，众多的生物在这里互相竞争又互相依赖，共同维系着大平原的活力与丰饶。

不曾到过大平原，就难以想象大平原的广阔。从平原望去，不论是绵延的远山，还是清澈的蓝天，甚至山坡上仿佛触手可及的白云，都十分壮丽。从终年积雪的山脉上俯瞰，科罗拉多州首府丹佛显得格外洁净端庄。

有不少人说过，大平原会把远来者的魂勾住。那么，牢牢勾住人们魂魄的是什么呢？是蓝天白云下草丛中突然蹿出的、惊慌失措地朝远处飞奔的野兔，是蓝天绿野间一片片白色的羊群，是平原上的人们平和安然地顺应自然、与自然合一的态度，是用粉红色的小舌头舔着草叶草梗上渗出的嫩汁的才三四个月大的小羊羔，是疲倦地躺卧在小溪边站不起来可怜得让人流泪的老母牛，是那群在湖面上游来游去的天鹅……生命那么生动地抖动着，跳跃着，真是一片和平的净地！这是一

“风吹草低见牛羊”，其实，牧马才是草原真正的主人。它们纵情驰骋时是那么英姿飒爽，悠闲吃草时也是那么飘逸潇洒。

种“淳朴、轻松、简单、和谐”，然后又升华为一种旷达、包容的平原精神，一种自然和谐的生存状态。

站在平原上，感觉风很强劲，但吹在脸上并无风沙侵袭的感觉。走在碧绿的平原上，不时可见成群的牛羊。除了一大片的绿色景观，其间还点缀着黄色的金莲花、淡蓝色的翠雀等，让人惊喜不已。在这里，人们所钟爱的逾越节花是一种随风舞动的花朵，它的瘦果在风中爆破而散布绒毛状种子时，尾部会延展得很长，朵朵绒毛飘过美国中西部大平原的景象，为其带来另一个别名——“大平原之烟”。

一望无际的大平原，让人觉得天空好大。当沿着SR61道路南下时，中西部特有的迷人景色真的会醉死路人。这条路上的小镇都很小，但是都很古老，也极富地方色彩。每户人家都拼命地把自家打扮得漂漂亮亮的，那种放松的感觉，不身临其境是很难想象的。再加上壮丽的大河景色，让人顿时觉得人生真美。这种生活的真谛，正是今天在摩天大楼那

美丽的草原啊，就是我们的家。在阳光明媚的假日，全家坐上马车，到远处享受一顿美味的草原午餐，是很多草原家庭的选择。

千万个格子间里忙忙碌碌、在死灰色的城市钢筋水泥丛林中疲惫穿行的人们所朝思暮想、孜孜以求的，因此就更显得弥足珍贵。能住在这么美丽的乡间，人生还有何求！

大文豪马克·吐温在他的著作《密西西比河上的生命》中描述为“千岛”的地方，就在这平原上，在密西西比河畔。这里有一个美丽的小城市，河水就在这儿由西向东流，很奇特。逆流水使这里形成了岛屿和谷地地形。可以想象出这儿有多美吗？在这里，到处可见美丽的河堤公园，漫步其中，望着大河，心情真是舒服透了。走在蜿蜒的步行道中，大口吸着新鲜空气，会有一种莫名的感动油然而生。

收割后的牧草被打成蛋糕卷的形状，散落在平原上。

然而，这只是欧洲人来到这里以前的大平原风貌，如今这里早已变成了荒凉冷寂的荒漠，有风的时候经过这里，你一定会听到大自然那呜咽的悲歌。辽阔的大平原卷起不息的心灵的涛声。在地球64亿年的生命之中，人类可以说是最近才出现的，可却要掌控已经存在了几十亿年的大自然！难道我们一定要等到“当最后一棵树枯萎，最后一条鱼被捕抓，最后一条河被污染，才发现钱是不能吃的”？这是19世纪美国印第安人的警告。看来，美丽的大平原，只能是永远驻留在人们往日的记忆里和对未来的希望里了。

美丽的平原必须由美丽的建筑来相配，草原上的房子造型各异，但都精致典雅。

“巨人之路”

Giant's Causeway

萨克雷想必也听说过有关“巨人之路”的众多传说。19世纪的某一天，他就那样立在深达110米的危岩旁举目远眺，喃喃自语：“当世界从混沌初开中形成它现在的模样时，不经意中在此遗漏了一小块残片，这也许便是混沌时代的最后一块残片。”

★名称：“巨人之路”
★位置：英国

“巨人之路”位于北爱尔兰安特里姆郡西北海岸，是一道通向大海的巨大的天然阶梯。这一罕见的自然奇观，被人想象成巨人的手笔。它是由一条条顶部被整齐地切割掉的石柱组成的。石柱呈六角形，坚固地深埋于海岸之上，紧密地挤在一起。

从空中俯瞰，这条赭褐色石柱堤道在蔚蓝色大海衬托下，格外醒目，惹人遐思。是什么样的自然伟力造就了这一举世闻名的奇观？

现代地质学家的研究解开了“巨人之路”之谜。白垩纪末，北大西洋开始裂开，北美大陆与亚欧大陆分离，地壳运动剧烈，火山喷发频繁。大约5000万年前，在现在的苏格兰西缘内赫布里群岛一线至北爱尔兰东缘，火山活跃，一股股玄武岩熔流从裂隙的地壳涌出，随着灼热的熔岩逐渐冷却、收缩、结晶，它开始爆裂成规则的图案，这些图案通常呈六边形。

“巨人之路”海岸，在苏葳海角和海湾之间，包括低潮区、峭壁，以及通向峭壁顶端的道路和一块平地。峭壁平均高度

玄武岩经过不断的侵蚀和雕琢，在第三纪时形成了北爱尔兰峻峭的海岸。

为100米。火山熔岩在不同时期分五六次溢出，因此形成了峭壁的多层次结构。

“巨人之路”是这条海岸线上最具有玄武岩特色的地方。大量的玄武岩柱石排列在一起，形成壮观的玄武岩石柱林，气势磅礴。独特的玄武岩石柱网络不可思议地捆扎在一起，其间仅有极细小的裂缝。地质学家把这些裂缝称为节理，熔岩爆裂时所产生的节理一般具有垂直伸展的特点，在沿节理流动的水流作用下，久而久之便形成了这种集聚在一起的多边形玄武岩石柱。

石柱不断受海浪冲蚀，在不同高度处被截断，导致“巨人之路”呈现参差不齐的台阶状外貌，给人以“巨人之路”的想象。它是由一根根参差不齐的等边形石柱紧密排列在一起组成的，约有4万多根。石柱的典型宽度约为0.45米，延续约6千米，由黑色实心石柱组成，大部分石柱为匀称的六边形，直径38～50厘米；也有四边、五边或八边的。石柱面如台阶般参差不齐，高出海面6米以上，最高者可达12米左右，也有隐没于水下或与海面一般高的。

类似的柱状玄武岩地貌景观，在世界其他地方也有分布，如苏格兰内赫布里群岛的斯塔法岛、冰岛南部、中国江苏六合区的柱子山等，但都不如“巨人之路”表现得那么完整和壮观。

随着时光的流逝，“巨人之路”已为越来越多的人所知晓，为人所痴迷。

“巨人之路”是一条通向大海的巨大的天然阶梯，这里的景色总是让人浮想联翩。

棉花堡
Cotton Castle

有人说，土耳其就好像是一个气质优雅的古典美人，轻轻走出历史的帷幕，展现给我们无尽的风韵与内涵。那传说中永不融化的雪山“棉花堡”，就在这位美人的怀抱里。经过长年累月，石灰质聚结而形成棉花状的岩石，构成了大自然最壮观的岩石群与水池。

★名称：棉花堡
★位置：土耳其

有人说，土耳其就好像是一个气质优雅的古典美人，轻轻走出历史的帷幕，展现给我们无尽的风韵与内涵。那传说中永不融化的雪山“棉花堡”，就在这位美人的怀抱里。

黄土地上突然闪出一抹雪白的影子，犹如夏季的城堡形积雨云降临大地，再近些，却是堆积如棉絮一般的一座“城堡”，玉一样的“台阶”层层叠叠，犹如雪砌的梯田，无数涓涓细流从丘岩间的缝隙潺潺流下，温热的水蒸气让棉花堡浮现在淡淡的缥缈雾气里。泉水积在台阶之间，形成一汪汪波澜不兴的水池，那是热带海水般的淡蓝绿色——白岩碧

温泉水汇聚成的盆池，看起来有点儿像梯田，却不能生长任何作物。

水，如雪衬翡翠，说不出的清丽与炫目。

由石灰质钙化沉积物形成的白色“台阶”，像玉，像雪，更像是恣意横流的羊奶从山顶流下，覆盖而成。

水是眼波横，山是眉峰聚。登上山巅，会意外地发现，这并不幽深的谷底竟然也会有云海出现，而且居然是世界上最美、最瑰丽也最难得一见的云海。从山下往上看，白色的石灰质钙化沉积物将山顶覆盖得如雪山的顶峰一样，洁白晶莹，不断有地下水从沉积物中涌出，往山下流淌。山下是一片茂密的草地，远处有民居、树林和庄稼。

棉花堡的形成，正是由于地下温泉水不断从地底涌出，其中含有丰富的矿物质，经过长年累月，石灰质聚结而形成棉花状的岩石，层层叠叠，构成了壮观的岩石群和水池。这片被含有石灰质的温泉水冲刷过的岩石覆盖在石山的顶部，远远望去，如同堆积在山顶的常年积雪，洁白晶莹，分外显眼。

当太阳的光芒一点点儿由金色变成绯红、殷红、桃红、玫瑰色，棉花堡如同一朵最绮丽的莲花，幻化出令人难以置信的光影奇迹：白色的岩面会被阳光点染出淡淡的色彩，而岩面中的水波则忠实地记录下了天空变幻的奇异色彩。

水从石灰岩构成的台阶上漫过，波澜不兴，像仙女们的梳妆镜。

古老的小亚细亚那些曾经让人们惊叹的古迹，就这样被时光蹉跎为废墟，而不远处的棉花堡，依旧绿水如镜，丘岩如冰，沐浴着众神的光辉，成为永恒的奇迹。

尼罗河
Nile

如果说黄河像是一个粗犷不羁的硬汉，尼罗河则是一个温柔善良的少女。一条穿越了千里沙漠的大河，竟能保持那样的清澈。放眼望去，青蓝色的平静河水，两岸是绿洲地带，远处则是金黄的沙漠。沙漠的狂躁似乎被河水驯服了，或许正因为如此，才使得埃及人敬她如神明。

★名称：尼罗河
★位置：非洲
★长度：6740千米

尼罗河是世界第一长河，全长6740千米，流域面积280万平方千米，是非洲大陆面积的1/10，大部分在埃及和苏丹境内。它发源于赤道以南、非洲东部高原，由南向北纵贯埃及全境，沿途经过许多湖泊，留下6道瀑布，出现数处激流和险滩，最终穿越北非沙漠，进入地中海。

像世界其他名川大江一样，尼罗河也一直受到人们的赞美。埃及诗圣艾哈迈德·肖基曾写下“尼罗河水自天降”的不朽诗句。前人也曾有过这样的描绘：“河谷里有灿烂的阳光，肥沃的土地，温暖的气候和美丽的风景。”在尼罗河河谷的土地上，青草、谷穗、葡萄夹在灼人的沙漠之间，宛如水流不断、花果丛生的“人间天堂”。

尼罗河谷地与尼罗河三角洲地区，被古埃及人称为“黑土地”，这里的土壤由于含有洪水留下的淤泥粉末而呈黑色。正因为有了这层表层土，这一地区的土地才肥沃异常。

如果不是尼罗河，埃及本应是一片大荒漠，是一片红土地，而不是现在狭长的绿洲。由于尼罗河慷慨的馈赠，农业便一直都是埃及经济的重要支柱。尼罗河谷地犹如一个庞大的农场，农民们种植大麦、亚麻、小麦、各种蔬菜和葡萄，收成很好。天然植物如纸莎草、莲、睡莲、芦苇、刺槐等遍布全埃及。就连许多动物，也靠尼罗河生存，如河马、鳄鱼、羚羊、瞪羚、沼泽中的鸟类（乌头麦鸡、鹭鸟和鹳）以及各式各样的鱼。

希腊历史学家希罗多德把埃及称为“尼罗河的礼物”，

如果没有尼罗河充足的泛滥之水，埃及的一切都不会存在。

古埃及时期，每逢仲夏和初秋，尼罗河就会泛滥，洪水过后留下肥沃的淤泥，农业因此而发达。古埃及人修筑的蓄水池，可以蓄水数周，待河水退却，他们再将池水缓缓排出，留下淤泥，用来种植农作物。

关于尼罗河的泛滥流传着许多神话。相传尼罗河泛滥是因为女神伊西斯的丈夫遇难身亡，伊西斯悲痛欲绝，泪水落入尼罗河中，使河水上涨，引起泛滥。所以，每年6月，当尼罗河水开始变绿、预示河水即将泛滥时，埃及人就举行一次欢庆，称之为“落泪夜”。

尼罗河三角洲地区是埃及最富饶的地方，被称为“鱼米之乡”。虽然三角洲的面积仅占埃及全国总面积的2.4%，但在这块土地上，人口却占全国人口的90%以上。埃及的城市、村落、居民和久负盛名的历史古迹，绝大部分都分布在这一带，“不到绿色走廊不算到埃及”的说法在非洲极为普遍。

公元前6000年左右，埃及人的祖先开始在尼罗河两岸繁衍生息。早在法老时期，埃及就流传着“尼罗河是埃及的母亲”等谚语。尼罗河也确实是埃及人民生命的源泉，它为沿岸人民积聚财富、缔造文明创造了条件，所以，埃及人民把尼罗河比喻为哺育、滋养自己的伟大母亲，古代著名的《尼罗河颂》便是埃及人民对尼罗河感情的真实流露：

“光荣啊，起源于大地的尼罗河！你川流不息，为的是使埃及苏生！……你灌溉土地，使一切生物欣欣向荣。你生出大麦和小麦，好叫神庙里欢度节日。”

“你永不停息地浇灌着大地，沿着你从天国下降的旅程。食品的珍爱者，赐予谷物的人，普塔神啊，你给每个家带来了光明！”于这样的黄昏静谧时分，在尼罗河畔，诵读这样的尼罗河颂诗，或许是再契合不过的。

多瑙河 Danube

提起欧洲的河流，人们脑海中浮现的，多半就是那条流淌着蓝色旋律的河流。它源自雄伟的阿尔卑斯，像一条蓝色的飘带，蜿蜒流过诸多国度。千百年来，为两岸的土地滋润出了欧洲所独有的优雅与浪漫，也曾激发起那位天才音乐家翩然的灵感，为世界谱写出了那曲流淌不息的不朽乐章。

★名称：多瑙河
★位置：欧洲
★长度：2850千米

多年以前，不知道从哪里看了篇文章，说维也纳绿树成荫，多瑙河上每日必演奏《蓝色多瑙河》。于是，臆想中认定多瑙河的每一滴水里都流淌着音符和浪漫的东西。多瑙河还总让人想到旖旎的华尔兹的衣香鬓影，维也纳、哈布斯堡的贵族余晖。

听着约翰·施特劳斯的名曲《蓝色多瑙河》，悠扬高雅的曲调会把你带入如诗如梦的境地。那湛蓝的河水，如画的风光，村民朴实的舞蹈，美丽动人的传说，使人感到犹如投身在母亲温暖的怀抱之中，流连忘返，久久不愿离去。

人们都说多瑙河像一条蓝色的飘带蜿蜒在欧洲的大地上。这里山清水秀，一派田园风光。晨曦中的多瑙河带着阿尔卑斯山的轻雾从梦幻中走来，如同披着轻纱的少女。它激情的河面、蓝色的波涛、翻飞的鸥鸟，都令人激动不已。它带来了花草的清香，荡漾着鱼儿的欢笑，在各式各样房屋和花园的簇拥下汩汩前行。天亮了，仿佛擦亮了眼睛一般，刹那间层峦叠嶂、重楼连宇都清晰了起来。

多瑙河流经布达佩斯，这里环境优美，景色诱人，涓涓的水声就像那首《蓝色多瑙河》一样令人百听不厌。

天是湛蓝湛蓝的，山是碧绿碧绿的，而多瑙河比天还要蓝，比山还要绿，更让人折服的是透明清新胜过空气的水，映出皑皑的白云在无际的蓝天里飘浮，既安闲又自在，逍遥无比。

横卧的雪山曲折连绵，山下聚集了几间小屋，屋前是一片绿油油的大地，这样的景色就像是大师莫奈的油画作品。在这样绚烂的景色中，我们闻到了绿野的芳香和空气的清香。

没到过这里的人很难想象，抬起头是白雪皑皑的大山，低下头，脚下踩的却是绿草红花，而这一切却显得那么自然平和，没有一丁点儿突兀的感觉。

而暮色下的多瑙河又如同一幅水墨画，白天飞驰水面的小渔船沉寂下来，青黛色的远山映在清凉的水中，梦幻一般。孤独的小舟水边闲荡着，配上岸边的树叶，令人如同走入画中，轻轻地，轻轻地，不敢扰乱了这美丽河流的清梦。

多瑙河是布达佩斯的灵魂，而布达佩斯是匈牙利的骄傲。

人们亲切地把多瑙河称作“母亲”。从不同的河段亲近多瑙河、拥抱多瑙河，纵使迥然有异，也总能一眼认出她——那令人熟悉的多瑙河母亲。

在这里，你可以与她对语，聆听河流淙淙汩汩的清响。清澈见底的河水会告诉你，人生之路弯弯曲曲，就如多瑙河的水一样有时平静，有时湍急。

那一刻，你会想在这青山绿树碧水蓝天中融化，会恨自己是个尘世俗物，不能与她相守一生。大彻大悟的感觉是那样刻骨铭心。尘世中的种种不如意，种种不快，淡得像风，轻得像云，而宇宙间的大智慧却越发清晰，越发奇美。

在这里，自然与音符融而为一，造就了极美的旋律；春夏秋冬合为一体，组成了绚烂的四季。让大自然奏响绚烂的四季交响曲，让心与美丽的多瑙河更亲密地结合。而我们，就醉在这里。

密西西比河
Mississippi

密西西比河就像一条乳白色的飘带，由北向南镶嵌在美利坚合众国翠绿的大地上，滔滔不绝的河水，像乳汁一样抚育着密西西比河流域的人们。

★名称：密西西比河
★位置：美国
★长度：3780千米

密西西比河是美国第一大河，与南美洲的亚马孙河、非洲的尼罗河和中国的长江一起并称为世界四大长河。

它的名称源自远古时代居住在美国北部威斯康星州的阿尔贡金人。阿尔贡金人是当地印第安人的一支，他们把这条河流的上部叫作“密西西比”。在印第安语中，“密西”意为“大”，“西比”意为“河”，“密西西比”即“大河”或“河流之父”的意思。

密西西比河源出明尼苏达州艾塔斯卡湖，向南流贯大陆内地，接纳其主要支流密苏里河、俄亥俄河，经新奥尔良东南广阔的三角洲注入墨西哥湾，全长3780千米（以最大支流密苏里河河源计则为6020千米），与其支流一共流经美国31个州和加拿大两个省。

作为“河流之父”，它支流众多，将千川百流都汇集到自己的怀抱。它汇聚了250多条支流，流域面积多达310万平方千米，占美国领土的1/3，北美大陆面积的1/8。

位于明尼苏达城附近的密西西比河，河中莲花盛开。朝阳甫升，繁忙热闹的密西西比河也有其柔媚的一面。

世界上每一条河流无疑都是造物主的神来之笔，人类文明的出现都是以大河为脐带的。密西西比河正是整个北美大陆文明的发源地，至今仍在哺育着那里的人们。

密西西比河投身于现代航运领域始于19世纪初叶。1811年，“新奥尔良”号汽轮首航密西西比

河，从河口溯源而上，开辟了3000千米的航道，人类内河运输的崭新时代由此开始。借助于密西西比河便利的航道，北美大陆的商业文明也得以发展。

密西西比河的中游河段比较短，一般从密苏里河与密西西比河汇合处算起，直到俄亥俄河口为止，全长320千米，主要包括密苏里州和伊利诺伊州的部分地区。这里终年温暖多雨，两岸作物生长良好，水流稳定，航道深阔，航运价值很大，现在这一地区仍是美国经济比较发达的地带。

20世纪20年代，开百老汇音乐剧先河的佳作《演出船》，讲述了1887年密西西比河上一艘流动剧院船上发生的故事，剧中名曲《老人河》唱出了源远流长的密西西比河及两岸人民的生活，在全世界流传了80余年，随着密西西比河的不息流淌，感动了几代人。

现代美国交通运输业异常发达，交通运输方式也十分多样，密西西比河在航运上的重要地位却并未受到冲击。被印第安人称为“河流之父”的密西西比河，每年的货运量都超过4.72亿吨，而且美国几乎一半的谷物出口都是通过密西西比河运输的。

佛罗里达湿地
The Florida Everglades

早期的西班牙殖民者把这里称作“圣灵之湖”。从奥基乔比湖流到佛罗里达海湾的水流，在大沼泽地各奔东西，它曾被称为从腹地流到海洋的青草之河。湿地内存在着令人难以置信的生物多样性和独特的生态系统。在这里，当你看到田园诗般的河流、湖泊、池塘和沼泽时，定会激动得热泪涌流。

★名称：佛罗里达湿地
★位置：美国
★别名：大沼泽地

湿地与森林、海洋并称为全球三大生态系统。水生环境和陆生环境的双重特性，使湿地成为全球价值最高的生态系统，人们因此将湿地称为“地球之肾”，并确定每年2月2日为世界湿地日。美国佛罗里达州就有着极其丰富的湿地资源。在佛罗里达半岛最南部，坐落着埃弗格莱兹国家公园，也叫作大沼泽国家公园，居美国国家公园第三位，占地面积达567平方千米，1934年由美国国会批准建立。

对美国来说，佛罗里达湿地简直就是一个天赐的巨大净水器，日夜不停地为整个国家提供最清洁的水源。科学家认为，它的功能有：生物的宝库，补充或释放地下水，削减洪峰，固定沉淀物和岸线，留住有害物质，提供营养物质，改善水质量，生产和支持食物链，减少火灾危害等。

生活在湿地中的鱼鹰

可惜，科学最为发达的美国并没有好好珍惜这样的宝藏。长久以来，在开发利用的旗号下，湿地惨遭野蛮掠夺。人们排出沼泽内的存水种上庄稼，兴修水利设施躲避洪水侵害，单是一项基西米河的管道化工程，就致使160多平方千米的湿地被毁。1929年，开发达到高潮，农业发展的巨大甜头吸引了更多的开采者奔向南佛罗里达，这股移民潮直到今天还在持续；而人口的增多，必然导致对湿地更大规模的开发。现在，湿地面积已不及最初的1/2。

情形比想象的似乎更要严重：毫无用处的澳大利亚灌木和巴西胡椒疯狂蔓延，遏制了本土优良植物的生长；由于磷肥的大量流失，奥基乔比湖南部的甘蔗园和菜地里的香蒲正在取代克拉莎草和其他湿地特有植物成为主宰；鸟类的繁殖地所剩无几，珍贵野生动物大量减少，有些到了绝迹边缘；焚烧垃圾的废水、耕种使用的肥料使得鱼类大量死亡，那些侥幸活下来的鱼类体内汞含量严重超标。由于没有充足的淡水来源，甚至佛罗里达湾的海底环境也改变了。

生活在湿地中的美洲鳄

湿地的恶化已引起佛罗里达政府的焦虑，一项“拯救佛罗里达”的计划正在实施。但愿人们的觉醒还不算晚，即便失去的不能挽回，也不要失去更多——毕竟，留住了原生态的自然，就留住了人类后代生存的家园。

俯瞰白水湾湿地，植被是湿地的一大主题。

纳库鲁湖
Lake Nakuru

明净的蓝天，澄澈的湖水，是纳库鲁湖的真实写照，但却并非这个美丽湖泊的全部。真正使之闻名于世的，还是湖面上如跳动火焰般的火烈鸟群。纳库鲁湖是一个火烈鸟聚居的地方，这里是地球上最繁华的火烈鸟天堂。

★名称：纳库鲁湖
★位置：肯尼亚
★面积：188平方千米

肯尼亚的湖泊闻名于世。在纪录片《走进非洲》中，我们一定看到过有关肯尼亚野生动物保护的片段：傍晚时分，在湖泊的浅水区，成千上万只艳丽的火烈鸟正在觅食，在金色的夕阳下，火烈鸟就像是跳跃的火苗，景象十分壮观。这就是肯尼亚纳库鲁湖美丽景象的真实记录。

纳库鲁湖坐落在裂谷省纳库鲁县，面积188平方千米，现在已建成国家公园。这里是世界最大的鸟类栖息地，园中约有450种禽鸟，最著名的是火烈鸟。在这一带生活的火烈鸟最多时约有200多万只，占世界火烈鸟总数的1/3。

平如镜面的蓝色湖水，倒映着火烈鸟美丽的身影，如梦如幻。纳库鲁湖国家公园是动物的天堂，在湖边的草丛里，斑马悠闲地吃草，狒狒大模大样地散步，羚羊行色匆匆，与人们保持着一定的距离，野牛对人们的到来表现出好奇，小鸟调皮地落在牛背上唱歌，犀牛对人们视而不见，长颈鹿优雅地向人们行注目礼，野猪闷头赶路，大象则不慌不忙地从车前走过……

纳库鲁湖最亮丽的风景线当然还是火烈鸟群栖的湖景，火烈鸟成群成群地毫无缝隙地压在湖面的浅水区，人们根本无法数清到底有多少只。如此浩大壮观的场面，在世界其他任何地方都不可能看到。

“火烈鸟吃什么？”

看着这铺天盖湖的火烈鸟群，肯定会有人替它们担忧。就算每只鸟每天吃一条鱼，那也是天大的数字。也许是一方水土养一方之物，火烈鸟以藻类、小虾等为食。纳库鲁湖地处火山带，湖水的盐碱度很高，生长着丰富的蓝绿藻和矽藻，保证了火烈鸟的基本口粮。因此，涉行浅滩觅食的火烈鸟有着永远吃不完的美食。

由于当地气候改变以及纳库鲁湖国家公园附近的环境污染，已经影响到纳库鲁湖自然生态的平衡，科学家越来越担心水里的重金属诸如铅、锌、汞等会被藻类所吸收，而这些藻类正是火烈鸟的食物。许多环境保护者和环境保护机构正在极力呼吁保护纳库鲁湖国家公园的生态环境。

远远地眺望纳库鲁湖，一只只火烈鸟或在空中自由飞翔，或徜徉湖畔引吭高歌，构成了一幅闪动着的粉红色的美丽图画。但愿这让人终生难忘的美丽景象，在100年甚至1000年之后，人类还能目睹，还能为之激动。

每年六七月间，成群的火烈鸟来到纳库鲁湖，成为这里一道独特的风景。

的的喀喀湖

Lake Titicaca

河谷里灿烂的阳光，肥沃的土地，温暖的气候和美丽的风景，使这个地球上海拔最高的湖泊不但没有显出“高处不胜寒”的孤独，反而拥有一种独一无二的诱人魅力。

★名称：的的喀喀湖
★位置：秘鲁
★面积：8330平方千米

享有“高原明珠”美称的的的喀喀湖是世界上海拔最高的淡水湖，坐落在南美洲安第斯山区秘鲁、玻利维亚边界处的崇山峻岭之中。

的的喀喀湖承接着源源不断的高山雪水，面积8330平方千米，如大海般浩瀚。湖水淡绿晶亮，清澈见底，谁见了都忍不住要掬起品尝。

波光潋滟的湖面上，你可以看到大片翠绿的香蒲，香蒲丛中，水道纵横交错。生活在湖上的乌罗人常常单人划着用湖中的芦苇和香蒲编织成的“托托拉”小船在水道上游弋。这种两头尖翘、轻巧灵便的草船航行在湖光山色之中，构成了的的喀喀湖独特的风貌。

蒂亚瓦纳科文化遗址就在的的喀喀湖东南21千米处。在那里，可以看到许多巨大的石像和石柱，其中最著名的古

印第安人用香蒲编成的小船，是的的喀喀湖上最美丽的风景。

迹是雨神“维提科恰”的石塑像。这里还有闻名于世的“太阳门”。紧挨着“太阳门”，有一个用石头砌成的长方形台面，这是古代印加帝国祭祀太阳神的祭坛。

湖中的月亮岛上，至今还保留着公元前的宫殿、庙宇、金字塔等古城遗迹。在其他岛屿边的湖底，还发现了一座水下古城遗迹。20世纪80年代，摩洛哥一位海底探险家潜入的的喀喀湖湖底，发现这里有不少奇怪的生物，其中有一种从未见过的大青蛙。这种青蛙肤色大多是浅灰色、绿色和黑色，栖息在幽深的湖底，从不上浮，估计至少有1200多万只。

的的喀喀湖，神奇又神秘，文明气息和自然野趣完美融合，使这颗高原明珠散发着隽永的魅力。

的的喀喀湖是南美洲地势最高、面积最大的淡水湖，也是世界最高的适合航行的淡水湖。优美的自然环境，湖区周围肥沃的土地，哺育着世世代代的印第安人，使的的喀喀湖成为古代光辉灿烂的印加文化的摇篮。

埃尔湖
Lake Eyre

勘探队在这里发现了一个表面覆盖着盐层的小盆地。事隔28年，另一支勘探队却在这里发现了一个碧波荡漾的咸水湖。次年，当他们再次来到这里，曾经的荡漾水波摇身一变，已经又成了一个小盆地。

★名称：埃尔湖
★位置：澳大利亚
★面积：约8200平方千米

埃尔湖位于澳大利亚的中部平原上，面积约为8200平方千米。由于澳大利亚中部平原本身海拔不到200米，而埃尔湖的湖面又低于海平面约12米，这里遂成为澳大利亚的最低点。

埃尔湖分南、北两湖，南湖较小，北湖较大，两湖由15千米长的戈地亚渠连接。下雨时，雨水从远处的山上流入干涸的河道。只有在雨水很多的年头，水才流经戈地亚渠。大部分的水沿途蒸发掉或渗入沙中。若雨下得很大，有些水最终可以流到埃尔湖，流程长达1000千米。

埃尔湖四周是一片晒干的土地：北面是辛普生沙漠；东西两面是布满圆丘和风刻石的平原，很难通过；南面是一串盐湖和干涸的盐洼，几乎见不到水的踪迹，常有海市蜃楼出现。

1839年，25岁的埃尔从阿德莱德出发，希望成为第一个从南到北穿越澳大利亚的欧洲人，但是并未成功。1840年，他再次尝试，终于到达了现在以他的姓氏命名的埃尔湖。当时湖水虽已干涸，但湖底的淤泥使他无法继续前进。

1860年，一个勘探队来到这里，发现这个干涸了的湖盆中蓄满了水，已经成为一个大盐湖。第二年，勘探队又来到这里，准备将湖泊范围测绘出来，谁知道它又消失不见了。1922年，哈里根从空中测绘了埃尔湖，发现北湖有水。但是次年，当他徒步到湖边时，看到水少得只能勉强浮起一艘小船。

目前已经查明，埃尔湖确实是咸水湖，但它有时又会变成广阔的淡水湖，只是每8～10年才会出现一次。而每隔3年，埃尔湖又干涸一次。这种定期循环已经持续了约20万年。偶尔会连续两个夏季下暴雨，如果前一年的雨水浸透到地下，第二年的雨水从山上流下时，地面的吸水量就会比较少，埃尔湖才可注满。

只要有水，埃尔湖总会显得生机勃勃，光秃秃的湖岸这时便会繁花似锦，长满雏菊和野蛇麻草等植物。艳红色的斯图特沙漠豌豆等植物会突然抽出芽来，迅速开花结籽，赶在水分消失前完成其生命循环。雨水也使藻类复苏，使埋在泥中的虾卵迅速孵化。不久，鸟儿飞来，其中有野鸭、反嘴鹬、鸬鹚、鸥等，有些甚至是飞越半个澳大利亚大陆前来的，它们觅食河里的鱼虾。鹈鹕和长脚鹬则在湖边造窝繁殖，一片喧闹，有时鸟窝竟多达数万个。埃尔湖在此时才变成了热闹的场所。

但在来水中断后，湖水在高温下很快蒸发，盐分逐渐增加。各种动物都要争分夺秒，雏鸟须在湖水干涸之前成长，学会飞行，因为一旦湖水干涸食物缺乏，成鸟就会离开，把羽翼未丰的幼鸟弃下不顾。淡水鱼无法逃生，只能死在咸水中。最后，埃尔湖再一次彻底干涸，在湖底淤泥上盖着一层硬硬的盐壳，一片荒凉，只能等待着新的雨季带来生机。

埃尔湖是澳大利亚的最低点，湖面低于海平面12米。不过，埃尔湖并不是以此闻名，其忽隐忽现的神秘特性，才是人们最感神奇、津津乐道的。

坎贝尔港
Port Campbell

坎贝尔港海岸的悬崖绵亘32千米，海浪千万年来的冲蚀形成了坎贝尔港海面上成群矗立的岩柱。“十二使徒”“伦敦桥”以及附近的“哨兵石”“烧炉”“霹雳洞”等都是这条古老海岸的组成部分，它们共同构成了这道地球上最秀美奇丽的海岸岩石景观。

★名称：坎贝尔港
★位置：澳大利亚

澳大利亚第二大城市墨尔本所在的维多利亚州，有一段被称为“镇州之宝”的大洋路。在这条路的沿途可见到万籁俱寂的海湾、恬静的绿色雨林，以及沉船海岸险峻的岩岸区的海难遗址。

多种不同风景强烈的对比，令人目不暇接。碧蓝的海面在远处波光粼粼，一直到海天相连处，翻滚的海浪在岩石上撞击成朵朵雪白的浪花，刹那间又悄然而去。在这里，可以感受山与海洋的深层对话，浏览奇岩矗立、峭壁削天、巨岩错落的奇观，欣赏这些巨岩几千年来与蓝色大海共同铸就的神奇瑰丽的杰作。

在一个个奇妙的岩柱中，以坎贝尔港附近的“十二使徒”岩柱最为有名。它们是海边一组12块各自独立的岩石，其数量及形态恰巧酷似耶稣的十二使徒，宗教的意义使这里充满了神圣的光芒。千万年来，虽遭海蚀、风蚀、雨蚀，12块巨岩仍若巨人般矗立于海上，在日出和日落之际，巨浪拍打、海风低语、阳光变幻之时，每一块巨岩都似乎能与观者进行心灵对话。

沿途历经无数的岩洞、峡谷、通风孔，岩石所拥有的质朴美会随着峭壁的延伸一一呈现出来。这就是让人敬畏的坎贝尔国家公园——发现美、感受美的最佳去处。

当你观赏着神奇排列着的这12块奇石，沐浴在晚霞铺满天际的夕照中，浪涛声比先前更为猛烈了，你的心情也会由先前一路伴随的惊喜、雀跃转为安静，大自然的那份神奇足以让你忘却尘世的喧哗与骚动。十二使徒之景会让你感动在墨尔本的秋日夕阳中，静静体验那一刻人与自然和谐相融的意境。

十二使徒岩柱属海蚀地型，这里的海岸受海水长期冲蚀后，被分割成若干独立的岩块，各以不同造型屹立海上，显得风姿绰约。一天之内，岩柱的色彩随时间而变化，尤其在黄昏时分，当晚霞满天之时，岩石有紫金、红、黄、紫、橘红等精彩斑斓的色彩变化。

大堡礁
Great Barrier Reef

大堡礁是世界上最大的珊瑚礁群，珊瑚虫分泌的石灰质骨骼，连同藻类、贝壳等海洋生物残骸胶结在一起，堆积成了一个个珊瑚礁体。这里是海洋生物的伊甸园，也是人类幻想中的自己的伊甸园。

★名称：大堡礁
★位置：澳大利亚

大堡礁的形成经历了多少年？是怎样形成的？那些没有听觉、没有视觉，甚至不能自主移动的、只有针尖大的胶质小点儿，靠着寄生在它们身体内的藻类提供着营养的小生物，它们死后形成的骨骼又能有多大？

千万年来，渺小的珊瑚虫就是用世代累积的死亡成功建造了一项宏伟的工程。近千个岛礁和浅滩星罗棋布，坚硬而壮观，构成澳大利亚昆士兰州东海岸外的天然海堤。从南到北，大堡礁全长2013千米，总面积竟然达到了20.7万平方千米。

从飞机上俯瞰，扑入眼帘的是无法形容的色彩的世界，一个个岛屿共同打造出了这片壮丽。点缀着这片海域的近千个青翠礁岛的四周有着金色的沙滩，岛上长满了绿树，和碧蓝的海水与蓝莹莹的岛身相映生辉。天边泛着几朵淡淡的白云，数只海鸟不时在天空中盘旋嬉戏着，和着海浪的呼吸声，使人陶醉。

心形岛形如其名，如果说这是上帝的作品，那么似乎可以说，原来上帝也是愿意把这里当作心灵的栖息之地的。

大堡礁海底又是怎样一番世界呢？碧蓝透明的海水中有着数不清种类和道不清形态的鱼类和海洋生物。单就珊瑚来说也是说不完的，有些珊瑚好像是深蓝色的花椰菜，有些像是有着彩虹般各种色彩的彩色鹿角，还有

的像是各种各样的花朵，其色彩总是怪异得让我们这些来自陆地的灵长类无法想象。而其造型也是千姿百态，匪夷所思，有的像鲜红色的比萨斜塔，有的如帕特农神庙，还有的极似各种乐器，摆在一起就能组成一支完整的乐队了。原来在地球寂静的深海里，还栖息着与我们陆地上截然不同的另类物种，它们在无声的世界里却生活得色彩斑斓，千姿百态，使人称奇。

然而，这片美如梦幻的伊甸园却正在消失。科学家预测，21世纪全球海洋温度将会提高2℃～6℃，对于对水温异常敏感的珊瑚虫来说，这简直就是一场噩梦。

受气候变暖的严重影响，大堡礁的珊瑚虫会因向其提供营养的海藻死亡而失去斑斓色彩，出现严重的白化现象，最终死去。人们还预测，当地的珊瑚礁将在2050年“大量垮台”，而花费千万年时间建造成的这项宏伟工程，等到了2100年的时候将从这个世界上彻底消失。如果等待珊瑚礁开始重新自然生成，并且恢复成现在的规模至少也要200～500年时间。

我们可以从《圣经》里看到一句似乎挺无奈的话：“你都对我做了些什么呢？”大堡礁的珊瑚也应该会问：“你都对我做了些什么呢？”问谁呢？问享受着大堡礁的美景却又间接破坏了大堡礁的人类。

探究这个礁岛名字的来历该是件有趣的事。不过，不管怎样，白日梦在这里已经滤去了贬义，而已经成为浪漫的代名词。

罗托鲁阿
Rotorua

世界上有不少的地方，可能让“外地人”感到生疏，但绝不会是在新西兰。有人说，由于地处世界的边缘，由于单纯富足的生活方式，新西兰人可能是世界上最好客的人。那份温暖和善，不分种族不分地域，成为新西兰人最大的优点之一。罗托鲁阿就能让人们充分感受到这一点。

★名称：罗托鲁阿
★位置：新西兰

“罗托鲁阿”在毛利语中是“火山口湖”的意思，它是新西兰著名的观光城市，人们说：“没有去过罗托鲁阿，就没到过新西兰。”

罗托鲁阿以地热和温泉闻名于世，这里的热泉和泥浆地多不胜数。一到罗托鲁阿，你立即会感到别有洞天。附近地热区内的间歇喷泉不时射向空中，沸腾的泥浆池不停地散发着刺鼻气味，地热池塘热气蒸腾，到处弥漫着浓浓的蒸气和硫黄气味，置身其中，犹如腾云驾雾。

罗托鲁阿的间歇喷泉也是世界上最壮观的胜景之一。来自地底深处的高压地热，夹带着水汽喷射而出，直冲云天，水汽柱最高可达30米，场面蔚为壮观。它每天上午10点左右开始喷发，每次持续约10分钟：先是细小的水汽柱，随后像放出魔瓶的精灵一样迅速变大，高潮时，20余米高的水柱直冲云霄，伴随着浓烈的硫化氢气味和烟云，爆发出令人惊心动魄的呼啸声，像一场火山喷发。喷发结束后，一切恢复平静。走近喷出口，看到的不过是一个小小的圆锥形洞口，但因为喷发时间很短暂，积聚的力量就显得非常可观。新西兰最大的波胡图（毛利语意为“飞溅”）间歇泉在瓦卡雷瓦雷瓦（毛利语意为“蒸汽上升之地”）的正南

波胡图间歇泉是新西兰最大的间歇喷泉，其喷出的水雾可高达30米，游客们不远千里来到罗托鲁阿，总要领略一下泉雾中激水撩身的感觉，当地的毛利人则占尽地利之便，干脆将之当作“浴盆”。

罗托鲁阿不仅有地热，还有美丽的湖泊，在冒着热气的湖畔散步，会让人感受到大自然的勃勃生机。

方，它喷射的沸水柱达30米高，有时隔几分钟便喷射一次，有时则要隔几个月。每次喷射可持续40分钟。

待心定下来，我们可以目睹热气蒸腾的火焰山、泥浆翻滚的青蛙池、开水锅般汹涌的硫黄泉、云雾缭绕的盘丝洞。在弥漫着白色硫黄气味的露天温泉池中浸泡，会让人有一种说不出的畅快。

罗托鲁阿不仅以其丰富的地热景观著名，更以其浓厚的毛利文化色彩吸引着世界各地的游客。

毛利人是新西兰的土著人，是这片土地最早的主人。毛利人以“逐地热而居”而闻名。他们利用地热煮饭、洗浴和取暖。在新西兰，有地热的地方就有毛利人生活的痕迹，新西兰人最早的定居点就是沿着地热区分布的。罗托鲁阿便是毛利文化的大本营，是毛利人最早定居的地方，号称“毛利人之乡”。现在，新西兰1/3的毛利人仍然居住在这里。世界各地慕名而来的游客则在这名副其实的“异乡”欣赏独特的、撼人心魄的毛利歌舞表演，观看毛利人或古朴或精致的雕刻、编织等手工艺品，了解毛利人的历史、文化和传统，再享受一顿地道的毛利大餐，末了，再洗一个据说是世界上最有疗效的温泉泥浆浴，谁都会感受到流连忘返的滋味。

间歇地热喷泉、沸腾的地热泥浆池和毛利人的热情招待是你在罗托鲁阿的心灵历练。这里成为新西兰历史最悠久，也最有名的旅游胜地，一批又一批的游客们络绎不绝地来到这里享受温泉，观赏壮观的地热活动，体验这个地区独特的毛利文化。

攀牙湾

Phang Nga Bay

数以百计的石灰岩地貌组成的海湾，使普吉岛成为风光绮丽的天使之国最具自然之美的地方。那份独到的嶙峋内蕴，值得钟情东方趣味的旅游家毕生珍藏。

★名称：攀牙湾
★位置：泰国

攀牙湾，位于泰国南部大陆的世外桃源——普吉岛东北角75千米处，是一个由数以百计的石灰岩地貌组成的海湾，是普吉岛及周边地区风景最为美丽的地方。

从普吉岛前往攀牙湾的旅途沿岸，有佛庙洞和隐士洞两个石灰岩洞。佛庙洞洞内面积宽广，有千奇百怪的石笋和耀眼的白色钟乳石，有的入口处还有一支弯曲细长的石笋。青绿色的钟乳石从穴顶垂泻下来，就像一帘帘冰冻的瀑布，有许多泰国电影都在这里拍摄外景。还有些石灰岩崖壁上覆盖着许多原始图画，上面绘有朴拙的人物、动物和鱼类，散发出原始的美感。隐士洞则规模更大，由数十个山峰在底部串联而成，洞内流水淙淙，既神秘又壮观。

如果你驾船驶过静静的青绿色的海面，经过两岸茂盛的红树林后，眼前豁然开朗：在一望无际的海面上，形状怪异的岛屿打破了海天一色的平衡，为平静注入了一股鲜活的灵气，波光粼粼，呈淡绿色的海湾水面上，乱石嶙峋，景象万千。这便是攀牙湾。

近百座大小岛屿，散布在风平浪静的海面上，宛如蓬莱仙境，又仿佛一幅幅立体的中国水墨画。各种石灰岩的奇峰怪石星罗棋布，或如羊角般突出水面，或如驼峰，或如锯齿，或如倒置栽种的芜菁，各具美态。因此，攀牙湾又被称为泰国的“小桂林”。其中，詹姆士·邦德岛、铁钉岛、钟乳岛石洞更以其天然奇景而名噪海外。

攀牙湾山峰耸峙，海景如画，风光雄浑壮丽。屏干岛，由两面山峰倾斜地相叠在一起，呈倒V字形，山壁如削，平滑如镜；塔布山，形状像铁钉一样插在海底，高约30多米，由于受海水的侵蚀而上阔下窄，狼牙棒似的头大脚细的山峰，傲然兀立于壮阔的海面上，直指云天，气势昂扬。

乘上修长的独木舟，划着桨慢慢前进，穿过黑暗的水道，寻找深藏的岩洞，你会感受到一种前所未有的探险的兴奋。高高昂起的船头扎着鲜花或者彩带劈波而行，像是在浪尖上舞蹈。沿途看那水中形态各异的小山和神奇的红树林，仿佛人在画中游。而每每让人惊奇的，是洞中有洞，“山重水复疑无路”时却又“柳暗花明又一村”，外观平实的海岛却有着秀丽的内质。

泛舟穿行于岩石狭窄的缝隙中，观赏突起于平静水面的独块巨岩、生机勃勃的红树林等构成的一幅幅天然风景画，深入画幅中的深幽处，游览攀牙湾天然奇景，无疑是不堪物欲羁绊的人们最潇洒的选择。

1974年，詹姆士·邦德的电影《铁金刚大战金枪客》曾以这一铁钉形的石岛为背景，此岛遂得名“詹姆士·邦德岛”。如今，詹姆士·邦德岛已成为攀牙湾的标志性景点。

加拉帕戈斯群岛
Galapagos Islands

水与火的交融成就了加拉帕戈斯群岛寒、热带动物共存的奇特景象。这里既有南极冰雪世界的企鹅，也有热带动物大蜥蜴。这里的生物在与外界隔绝的情况下进化着。神秘、诱人、不可思议，是人们对它的评价。

★名称：加拉帕戈斯群岛
★位置：东太平洋（厄瓜多尔）

加拉帕戈斯群岛位于南美洲西北部海岸外970千米处的东太平洋赤道海域，由伊莎贝拉、圣克鲁斯等9个较大岛屿和许多小岛、岩礁组成，陆地面积约8000平方千米，人口约1万人。嶙峋的火山岩石，悠然生存的动物，绚烂美丽的景观以及自然纯净的空气，给每一个亲临者奉上了最厚重的赠礼。

1535年，西班牙殖民者首先发现了这些荒无人烟的岛屿，见岛上有许多巨龟，便取名为“加拉帕戈”，意即“龟岛”。其后二三百年中，这些岛屿依然默默无闻。命中注定，它们期待着一位名冠古今的博物学家的到来。1835年秋，达尔文随海军勘探船“贝格尔”号做为期5年的环球旅行，踏上了加拉帕戈斯群岛。经过1个多月的实地考察，达尔文不仅在岛上发现了大量世界上罕见的珍奇动植物，而且进一步认识到物种变异规律，为其日后提出以自然选择为基础的生物进化理论以及出版巨著《物种起源》奠定了基础。加拉帕戈斯群岛从此扬名天下。1832年，群岛归属厄瓜多尔版图，后来，政府便宣布在此建立国家公园，范围扩及群岛总面积的96%以上。

加拉帕戈斯群岛上的鬣蜥

这里的生态环境极其独特。群岛系海底火山喷发、熔岩堆积而成，岛上地势崎岖，多火山

锥、峻岩和峭壁。伊莎贝拉岛上的沃尔夫火山海拔1707米，为群岛的最高峰。虽然地处赤道，但由于受到来自高纬度的秘鲁寒流影响，这里并未出现高温多雨的气候和林木繁茂的热带景观。在群岛上已发现的约700多种高等植物中，35%以上为本地区的特有物种。

群岛孤悬洋面上已有数百万年，从未和其他大陆相连过，岛上动物在与世隔绝的独特生态环境中发育进化。已查明的635种动物中，本地特有的即有200余种，即使从海洋或空中迁来的不速之客，在长期适应新环境后也已逐步改变生活习性，与祖先进化得大不一样，甚至生活在不同岛屿上的同一类动物也发生了物种的变异；甚至，这里还出现了寒带动物与热带动物共处的奇景。

毫无疑问，加拉帕戈斯群岛上最著名的居民便是巨龟了。据说，巨龟至少可以活150年。在人类踏上这片群岛之前，这里曾生活着14个亚种的巨龟。现在，有3种已经灭绝。1965年，达尔文研究中心启动了一个保护海龟的项目，使劫后余生的海龟得到了及时的保护。

海水拍打着小岛的岩石，发出清脆的声音，仿佛在提醒人们保卫这神奇的家园。

加拉帕戈斯群岛上的萨莉伦轻脚蟹

平静的海面、行驶而过的船只、近处戏水的海豚，构成一幅生动而祥和的画面。加拉帕戈斯群岛就是这样美得不可思议。

塞伦盖蒂

Serengeti

塞伦盖蒂是非洲唯一仍有众多陆地动物栖息迁移的地区。这片大草原是地球上野生动物仅有的几处乐园之一。在这里，野性的奔突、智慧的比拼以及生存意志的较量，构成了大自然最真实也最激动人心的戏剧。

★名称：塞伦盖蒂
★位置：坦桑尼亚

东非大裂谷从坦桑尼亚穿过，形成南北走向的两条平行裂谷，中间是一片水草茂盛的草地，为野生动物的繁衍栖息提供了理想场所，这就是塞伦盖蒂草原，也是塞伦盖蒂国家野生动物园的所在之处。它以大群平原动物，特别是非洲大羚羊、羚羊和斑马著称，是非洲唯一仍有众多陆地动物栖息迁移的地区。塞伦盖蒂国家野生动物园设于1941年，占地约1.48万平方千米，内有非洲最佳的草原及广大的刺槐树草原，是坦桑尼亚面积最大、野生动物最集中的天然动物园。

塞伦盖蒂国家野生动物园海拔900～1800米，自维多利亚湖东南岸向东和东南方向伸展，长达160千米。其东部走廊地带宽40千米，长160千米，北接肯尼亚与坦桑尼亚两国的边界。沿着这个东部走廊，有150万头非洲大羚羊、20万匹斑马、同样众多的羚羊及其他经此迁徙的动物。在每年12月到次年5月的湿季，兽群在公园的东南平原上栖息，随后向西移至公园的稀树草原，再向北进入肯尼亚和坦桑尼亚边界上的马赛马拉草原，并于11月干季末尾时，折回公园的东南平原。

一只带着幼仔的雌性黑斑羚正和一只饥饿的狮子对视，黑斑羚由于恐惧而竖起了耳朵，狮子则因为兴奋而竖起了鬣毛。像这样的对视在生死循环不息的塞伦盖蒂大平原上，一天里不知道会发生多少次。

羚羊体形优美，体小或中等，常常5～10头成群生活，有时一群也可达数百只。它们栖息在塞伦盖蒂开阔的平原上，机警，惹人喜爱，有着深浅不同的褐色皮毛，腹部和臀部白色，有的沿身体两侧还有一水平的黑色条纹，角通常呈里拉琴形。

羚羊有大约12个种和50多个亚种，在非洲生活的羚羊主要有苍羚、鹿羚、格兰特氏羚和红额羚等，其中苍羚是最大的羚羊，分布在非洲北部。

塞伦盖蒂的斑马，通常肩高在120～140厘米，各种类之间斑纹类型不同，容易区分。有的斑纹宽，各纹之间距离亦宽，主要条纹之间有颜色较浅的“影纹”；有的斑纹只限于头、颈和体前部；还有的斑纹窄而密，腹部为白色。

斑马常以一匹雄马、数匹雌马和它们的驹所组成的家庭群活动，有的也会组成没有雄马的集群。在食物丰富时，小群斑马会结成大群，但各小群仍旧保持相对的独立性。它们常与牛羚混合成群，由于斑马较为警觉，牛羚也因此获利不少。

塞伦盖蒂最壮观的景象莫过于角马一年一度的大迁徙。角马，即牛羚，站立时肩部高于臀部，肩高在1～1.3米。白尾角马（黑牛羚）体深褐色，吻、颊、喉和胸部有黑色丛毛，有黑色的鬃毛和飘垂的白尾，雌雄都有角。斑纹角马（蓝牛羚）则大多为银灰色，身体两侧有深色纵纹，鬃毛、尾和面部黑色，颊部白色，颏部和喉部有深色的毛，雌雄都有角，伸向外侧，末端向上弯曲。

这些角马过着群居的生活，常常集成大群，在开阔的草原上觅食野草和灌木。它们几乎总在迁移，寻找雨后更新的草地。

塞伦盖蒂是个野生动物的王国，狮子、豹、犀牛、河马、长颈鹿、狒狒等数量众多，已记录的鸟类亦有200多种。30年前，这里还没有大象的踪迹，后因园外人口越来越多，大象也迁入园内。但为获取象牙和黑犀牛角而滥杀大象和濒临灭绝的黑犀牛以及为获得野味而偷猎动物的事件，却成为塞伦盖蒂国家野生动物园面临的重大问题。

塞伦盖蒂广袤的草地、嶙峋的怪石和奇异的树木，勾勒出一幅极具原始风味的画卷。

黄石国家公园

Yellowstone National Park

黄石是美国的一张名片，它既是一种象征，也是一处圣城。这里是世界上第一座国家公园的诞生之地。那由火与水锤炼而成的大地原始景观被人们称为“地球表面上，集所有奇观之大成”，“已超乎人类艺术所能达到之境界”。

★名称：黄石国家公园

★位置：美国

黄石国家公园，位于美国西部的怀俄明、蒙大拿、爱达荷三州交界处，公园面积8992平方千米，始建于1872年，是美国设立最早、规模最大的国家公园，也是世界上最大的自然保护区之一。

美国的黄石国家公园就像中国的长城一样，是外国游客必游的去处。而与长城不同的是，在黄石国家公园，人们感受更多的是大自然那无与伦比的奇美景色和人与自然之间和谐的关系。黄石国家公园以保持自然环境的本色而著称于世，公园的管理运作是世界其他国家公园的典范。

黄石国家公园地热资源丰富，随处可见从地下喷出的热气，地热还造就了五彩缤纷的温泉。

黄石国家公园是世界上第一座以保护自然生态和自然景观为目的而建立的国家公园。它不仅拥有各种森林、草原、湖泊、峡谷和瀑布等自然景观，其大量的热泉、间歇泉、泥泉和地热资源，更构成了享誉世界的独特地热奇观。黄石国家公园也是野生动物的天堂，是美国野生动物的最大庇护所。公园原为荒山原野，人迹罕见，直到19世纪初，因有探险者涉足，其奇特景观才为人们所逐渐熟悉和重视。1872年，美国总统格兰特批准，首次设立“国家公园”这一机构以保护这里的自然景观。

黄石国家公园因自然景观和地质现象的差异，分为五大区，分别是：玛默斯区、罗斯福区、峡谷区、间歇泉区和湖泊区。5个区景色各有千秋，但最大的共同特色是地热奇观。黄石国家公园的地热景观包括间歇泉、热泉、泥泉等，地热活动主要集中在间歇泉区和玛默斯区。这里的地热活动在种类和特点上，举世无双。

发源于黄石国家公园的黄石河是塑造黄石国家公园胜景的另一重要因素。黄石河由黄石峡谷汹涌而出，贯穿整个黄石国家公园到达北部的蒙大拿州境内，全长1080千米，是密苏里河的一条重要支流。黄石河将山脉切穿而创造了壮观的黄石大峡谷。在阳光的照耀下，峡谷两岸峭壁呈现出金黄色，仿佛是两条曲折的彩带。由于黄石河穿行的地势高，水源充沛，黄石河及其支流深深地切入峡谷，形成许多激流瀑

黄石国家公园地貌复杂，它是大自然的鬼斧神工所造出的一座天然的艺术宝库。

布。黄石大峡谷源头的高塔瀑布高达40米，水流从山间奔腾而下，水声震耳欲聋，响彻峡谷两岸。在湖泊区还有北美洲最大的高原湖泊黄石湖，由于黄石河的充足补给，黄石湖水面辽阔，面积达353平方千米，形成了自己特有的气候景观。野牛、麋鹿、灰熊、美洲狮等2000多种动物在此生息繁衍。

黄石国家公园不仅景观壮丽，而且其对生态的保护也走在世界的前列，各国相继效仿建立了自己的国家公园。在黄石国家公园成立至今的100多年中，国家公园的含义是在逐步摸索中建立起来的，在这里生态保护的观念也有好多次转变。

而黄石国家公园似乎永远会把美丽与哀愁和灾难联系在一起，因为在它的下面埋藏着一座世界上极少有的“超级火

牵牛花池是黄石国家公园最著名的地热泉之一，泉水内含有各种金属离子，在低角度光源的照射下，清澈的泉水更加湛蓝，金黄色的外缘更加鲜明，犹如一朵盛开的牵牛花。

山”。黄石国家公园最独特的美丽是被称为世界奇观的间歇喷泉。最有名的是“老忠实泉”，它每次喷发时水柱高达55米！滚烫的热水遇冷气后又在空中凝结成白色云柱，壮观中还透出一些妩媚。黄石国家公园有众多色彩斑斓的热水池，由于池壁、池岸长年累月被岩泉冲浸而形成一幅幅动人的色彩丰富的天然彩画，最美丽壮观的是一处热泉——牵牛花池。这个热泉流经的乳岩有白、黄、绿、青蓝等不同颜色，美艳迷人。它们同样是地下那位“妖魔”——“超级火山”留给人类的杰作。这场火山喷发一旦真的形成，人类将听到7.5万年以来最响亮的声音！那时，这份“残酷的美丽”就不仅属于美国黄石国家公园了，而更像是人类境遇的某种写照。

黄石国家公园丰美的水草滋养着2000多头美洲野牛。除了美洲野牛，这里不时还能见到黑熊、棕熊、野鹿、白鹭、天鹅和鹈鹕等野生动物，成群结队出没在山中林间、草地河湖。

黄石国家公园，每天都有数以万计的游人来到这里旅游观光。可是，他们谁也不会想到：公园的地下岩浆正在一天比一天激烈地滚动，这浩大的岩浆层简直就是埋伏在地下的定时炸弹。“黄石国家公园就像盖在一个巨大的高压锅上的不很结实的锅盖。”

一轮明月冉冉升起，银白的月光泻满了大地，天上的星星渐渐隐去，虫儿也停止了低鸣，很安静。这种安静让人产生一种与世隔绝的感觉，既让人欢喜，又有些害怕。然后，便会不由自主地想起125年前著名探险家贺基思脱口说出的那句话：

“这个地方不应该为任何人所拥有！”

黄石国家公园内有300多处间歇喷泉和上千个温泉，这在世界上是极少见的。“老忠实泉”是这些喷泉和温泉的代表。

恩戈罗恩戈罗火山口
Ngorongoro Crater

或许是世人真的很喜欢欣赏“美”，即使是火山口，也依然可以让人们去品评。恩戈罗恩戈罗火山口被认为是世界上最完整的火山口。即使整日热气腾腾，烟雾缭绕，也难以遮掩其雄伟的身姿。

★名称：恩戈罗恩戈罗火山口
★位置：坦桑尼亚

在坦桑尼亚北部，有一座存在了250万年的休眠火山——恩戈罗恩戈罗，它最近一次爆发距今大约25万年。恩戈罗恩戈罗火山口，有人称它为“非洲的伊甸园”，直径大约18千米，深达610米，是世界上最完整的火山口。它犹如镶嵌在东非大裂谷带上的一只“大盆”，堪称大自然的鬼斧神工之作。

与火山同名的国家公园就坐落在火山口地区，作为非洲最重要的野生动物保护区之一，它一向是非洲的标志性印记之一。当你来到保护区，你会对眼前生龙活虎的景象感到惊奇，这简直就是一个野生动物的天堂。该区的动物种类看上去就像一份非洲野生动物的目录：角马、斑马、水牛、大象、长颈鹿、黑犀牛、非洲大羚羊，应有尽有。每年春天，成千上万只火烈鸟云集在火山口底部的咸湖，每当火烈鸟艳红的双翅展开在碧水蓝天之间，见者无不感叹大自然的恩赐。

这些火山口的狮子，怡然自得而又显得无比骄傲。

恩戈罗恩戈罗自然保护区群峰环绕，山势险峻，树木茂盛，水源丰富，最适合野生动物繁衍生息。这里四季的界限非常模糊，一年间似乎只有旱、雨两季相互更迭。每到雨季，草木繁盛，一片生机：火山口内的草地一片翠绿，夹杂着粉红色、黄色、蓝色和白色的野生花朵，肥沃的火山土上，牵牛花、羽扇豆、雏菊、罕见的蓝色苜蓿花等竞相怒放；旱季时，动物开始聚集在火山口附近的沼泽周围，视野其余的部分则一派枯黄。

火山口的中央有一个小湖，周围散布着一片片丛林和草地。某一天，一群飞奔的羚羊突然蹿了出来，后面或许就有一只猎豹在紧紧地追赶着；在草地上，有一群低着头吃草的野牛，它们是那样地悠闲自在；抬头吃树叶的是那些长颈鹿，它们迈着绅士般的步伐，边散步边觅食；长鼻子大象也在草原上慢吞吞地行走，甩动着鼻子，赶走身上那些热带草原上讨厌的苍蝇；穿着“海魂衫”的斑马喜欢躲在草丛里；孤僻的犀牛喜欢独来独往。狮子和豹生活在别处。一棵大树下，是一个狮子的家庭，雄狮子的头上披着长长的鬣毛，趴在地上一动也不动，懒洋洋地打瞌睡，雌狮也躺在地上晒太阳，两只活泼可爱的小狮子，在它们身边跳来跳去，好一幅安乐天伦图。

一座沉寂了万年的火山，一个完整的动植物的生态圈，一静一动，似乎在诘问着现代人类疲惫的心灵。

雨季过后，恩戈罗恩戈罗火山口内绿草如茵，呈现出一片翠绿的景象。

拉普兰
Lapland

芬兰北部的拉普兰地区是一片神奇的土地，特殊的地理位置和严酷的气候条件，令这片人烟稀少的地区至今仍保持着神奇而又迷人的色彩。

★名称：拉普兰
★位置：北欧

拉普兰是世界闻名的圣诞老人的故乡。很久以前，一位年纪很大的圣诞老人在世界各地周游，为孩子们带去欢乐。有一天，他来到北极圈附近的拉毕地区，为眼前白雪皑皑、银装素裹的美丽景色所倾倒，决定在这里的耳朵山定居。从此，芬兰的耳朵山就成了圣诞老人居住的地方。

在拉普兰的圣诞老人邮局，游客们可以买到各种各样的圣诞卡、明信片、贺卡等，尤其是加盖了圣诞老人邮局特有的圣诞老人形象的邮戳之后，这些卡片就显得更为珍贵。而世界各地的孩子们寄给圣诞老人的信件，也在这里汇集并被回复。邮局每年都能收到从世界各个角落寄给圣诞老人的信件达70万封，这里的工作人员会选择其中大约26万封进行回复。

只有亲眼看到拉普兰的冬天后，才明白为什么圣诞老人会选择定居在芬兰：蓝得不能再蓝的天，皑皑白雪覆盖下的广袤森林，成千上万冰冻的湖泊和港湾，以及掩映在树林中五颜六色的小木屋……所有的色彩都是那么的明丽单纯，就像孩童笔下的水彩画。

特殊的地理位置和气候条件，使拉普兰依然保持着天然、粗犷、壮美的风姿。这里有巍峨的山峦和湍急的河流，有星罗棋布的湖泊和一望无际的森林，有永远的黑夜和白昼，还有奇异的北极光。夏天的白夜是那样的静穆、深邃而伟大；秋天到处呈现鲜艳斑斓的色彩；冬天则是一个白色的世界，成为滑雪者的天堂。

替圣诞老人拉橇的驯鹿是此地一宝，是拉普兰最具有代表性的动物。驯鹿属于北极鹿家族，是唯一雌雄都长角的鹿种。自古以来，拉普人的祖先就以捕鹿、养鹿为生。过去，拉普人的生活几乎全部依赖于驯鹿，他们从驯鹿身上获取所有生活必需品。他们的生活离不开驯鹿，现在同样如此。随着旅游业的发展，驯鹿成了萨米人发展第三产业的好帮手，专替圣诞老人拉橇。

在拉普兰居住的萨米人是芬兰北部的土著民族。传统的萨米人身材矮小，黄皮肤高颧骨，头发大多是深褐色、棕灰色，甚至是黑色的。男子头戴四角帽，腰际佩带芬兰刀，脚蹬足尖翘起的鹿皮靴，显出豪爽粗犷，女子则戴着镶有花边的红色遮耳帽。

清新的空气，纯净的旷野，质朴的民俗，使这里成为世界上为数不多的未被污染和破坏的土地。置身拉普兰，你会忘却喧嚣繁杂的都市生活所带来的紧张、焦虑和烦躁，感受到难得的安宁、轻松和自由。

去拉普兰放松一下的人们，乘驯鹿拉的雪橇，在冰雪天地里感受一番野趣，自然是一项不可缺少的项目。

瑞士

Switzerland

在最新公布的全球生活质量最佳城市排行榜中，瑞士的苏黎世、日内瓦和伯尔尼分列前十名中的第一、第二和第五名。世人于是惊呼，小小瑞士真的是“人间天堂”。

★名称：瑞士

★位置：欧洲

一个有着“烽火中的乐土”之称的中立国，既有白雪皑皑的山峰，又有郁郁葱葱、百花争艳的丘壑，还有碧波荡漾的水上景色，加上勤劳聪明的人们的加工，这里就成了“世界的公园”。

这就是瑞士。

瑞士是一个令人深思的国家。因为这样一个1/4的土地是山丘的国家，不宜耕种，又缺乏自然资源，却成为世界上最富有的国家之一。瑞士深处欧洲中心，与德国、法国、意大利、奥地利及列支敦士登接壤，却成为中立国，成为理想的贸易中心。它虽然只拥有700万人口，却孕育了多位诺贝尔奖得主。瑞士的超然和魅力可见一斑。

瑞士作为“永久中立国”，避过了近代史上几次大的战争灾难，给人们留下了秀美的青山和古老的建筑。

大自然赐予了瑞士如诗如画的胜境，高山顶上白雪皑皑，怪峰突兀；山坡上郁郁葱葱，由春至秋一片苍翠；到了冬天，则是一派北国风光，万里雪飘。

立于少女峰峰顶，举目四眺，天宽地阔，风光迷人。皑皑白雪与璀璨的阳光交相辉映，在深蓝色的天幕衬映下，格外耀眼。雪峰受光部位的冰雪棱角分明，背光部位雪层舒缓柔软。层层白云似涌动的波涛，在脚下形成巨大的阵势；一切是那么纯净，著名作家赫尔曾经讲过："瑞士人因为造了这样好的山脉而感到自豪。"

雪山是瑞士的灵魂，终年银装素裹的雪山也是登山、滑雪爱好者的天堂。

当坐落在山顶的村庄还被白雪覆盖着时，山脚下的城市却已是春风荡漾了。树木开始抽芽，积雪融化的江河在阳光下也美丽地闪耀着。如果这些温暖的湖畔城市的春天提早到来，那么在四五月份莫格斯将举行节日庆典，伯尔尼的市场这时也开始营业，城市将立即呈现一片生机勃勃的景象。这时节也正是在充满中世纪气氛的小巷里悠然散步的好季节。

如果说秀美的自然景观构成瑞士的外在美的话，那么，老城的建筑特色则从人文角度折射出了瑞士这个多民族、多文化、多语言的中欧小国的联邦特点。漫步其间，就像欣赏一幅徐徐展开的历史画卷，浓郁的人文气息扑面而来。因为瑞士几乎所有城镇都由古色古香的老城和现代化的新城两部分组成，有些城镇还完整地保留着中世纪的城墙和建筑，乃至古罗马时代留下的文物古迹。

入夜，伴随着轻柔的瑞士音乐，由瑞士国菜——芝士火锅"领衔主演"的别致鸡尾酒会拉开了"饕餮瑞士"之夜的序幕。浓香扑鼻的金黄色芝士在银锅里慢慢地煨，然后再满满地裹上一块或松软或酥脆的面包，再或者是一块土豆、一块西兰花，总之，只要是想得到的食物蘸裹上了浓浓的芝士，顿时就能勾起人们的食欲，使人迫不及待地想要去品尝并感受那种齿间溢香的感觉。

不担心战争，不畏惧死亡，或许只有在这里，才能真正找到一种叫作"平和"的心态。

冰岛
Iceland

世上大概再也找不到像冰岛这般殊异的地理教室，这座遗世独立的岛屿拥有冰河、冰帽、冻原、直达地心的活火山、温泉、间歇泉、熔岩沙漠、瀑布、苔原、冰原、雪峰等。冰与火在这个犹如世界尽头的土地上共存，而这一切在这个只有7万平方千米的小国里同时出现，绝对是不可思议的。

★名称：冰岛
★位置：北大西洋

在世人的想象中，冰岛也许就是一个远在天边的小岛，寒冷荒芜、一尘不染。这仅是冰岛的一个侧影，并不能概括冰岛的全部。

冰岛位于北大西洋格陵兰岛与挪威之间，靠近北极圈，属寒温带海洋性气候，因受墨西哥湾暖流影响，气温要比同纬度其他地区温和许多。不过，人们也经常开这样的玩笑：如果不喜欢冰岛这会儿的天气，那么请你等5分钟，到时候可能比现在更糟。虽是玩笑，但当地气候的变化无常可见一斑。由于恰好位于大西洋海沟之上，冰岛的地貌实属罕见，再也没有哪个地方像它一样容纳了如此众多的地貌特征：这里既有欧洲最大的冰川群、间或喷发的火山、连绵海岸上的峭壁陡岩，也有数不清的间歇地热泉、浮冰湖、呈六角形排列的柱状节理群落，还有别有洞天的瀑布，人类从未曾打扰过的大片冰帽、苔原、冰原、火山岩荒漠等原始地貌。

冰岛虽是冰雪的世界，不过这里地热和矿藏丰富。这个喷气孔是冰岛最大的硫质喷气孔。19世纪中期，人们开始在这里开采硫黄矿。

冰岛的诱惑远不仅如此。开车游冰岛的人们常常会沿着著名的“金色旅游环”来看山看水。“金色旅游环”是指首都雷克雅

居德（冰岛语意为“金色的”）瀑布是冰岛最著名的瀑布，高32米。水流携带着冰块，泻入冰岛南部的怀特河，形成“冰瀑”奇观。

未克左上角的一个倒置正三角形地区。在金环内，大大小小的火山口随处可见。素有“欧洲的尼亚加拉瀑布”之称的居德瀑布，一边是常见的一泻千里的流水，另一边竟是冻结成冰的冰墙。大间歇泉是冰岛最独特的自然景观之一，其附近是著名的喷泉区，最大的间歇喷泉直径18米，每隔十几分钟喷发一次，高可达20多米，蔚为壮观。蓝湖因湖底蕴藏了大量的硒使湖水终年呈深蓝色而得名，温度舒适，含有多种矿物质，慕名而来的人们总把它当作天然美容院。

1874年，最早的挪威移民向冰岛迁居，远远地，他们看见地热冒出的白烟升腾，就给这里起名为雷克雅未克，挪威语意即“烟雾海湾”。在今天的首都，地热资源已被纳入城市的供热系统。地热的广泛利用，减少了污染，使得雷克雅未克干净得如同北大西洋上逍遥的海风，冰岛自然稳坐了世界洁净国家的头号交椅。冰岛的马也以其耐寒性和健壮彪悍在世界上首屈一指，爱马的人都把这种既温顺又会5种步法的马视为珍品。

健康长寿无疑是世人的理想追求之一，在冰岛，你不想长寿似乎还很难办到。冰岛是世界上人均寿命最长的国家之一，男性平均寿命达到76岁，女性更是高达81岁，居世界第二位。冰岛人与大自然进行着抗衡，在地震、火山的威胁下顽强生存，他们充分享受大自然赐予的地热、渔业资源和旖旎的风光，既形成了强健的体魄、开阔的心胸，又养成与世无争、开朗乐观的好性情。难怪有人说，冰岛人是世界上活得最开心的人。

冰岛，美好得像梦一样，仿佛世界尽头的“冷酷”仙境，不为人间的诱惑所动，不为外界的喧嚣所扰，所有人在那里幸福地生活着，直到天荒地老。

[图说天下]

英格兰湖区 Lake District
佛蒙特森林
Vermont Forest
沃特顿湖区 Waterton Lakes
雷尼尔山 Mount Rainer
挪威海岸
Norway Coast
普罗旺斯 Provence
托斯卡纳 Toscana
夏威夷 Hawaii
塞舌尔
Seychelles
克里特岛 Kriti Island
黄金海岸
Gold Coast
皇后镇 Queenstown
马尔代夫 Maldives
……

The Last Edens

最后的伊甸园

英格兰湖区

Lake District

传说湖泊是造物主的眼泪，那么英格兰湖区内的湖泊就是造物主最晶莹的几颗泪。水是这里的灵气之源。无论是广阔的温德米尔湖，还是小巧的葛拉斯米尔湖，都让人感叹大自然雕琢之匠心。它以最富诗意的自然景观，被美国《国家地理杂志》推荐为“人一生必去的50个地方”之一。

★名称：英格兰湖区

★位置：英国

一见钟情，不只对人，同样适用于景物。16个湖，犹如16个美人，有的安静，有的秀气，各种感觉，不一而足，静静地躺在山脉间。这里就是英格兰西部的湖区国家公园，优雅的环境，曾孕育出无数文学名人。

有评价说，湖区是“人类和自然良好共处、相得益彰的经典”。这里湖光山色，景色旖旎，时而透着中国江南水乡的清秀灵气，时而又在山水间显露着北国风光的巍峨。造物主在这里布下了一切自然界能有的美丽风景：湖泊、河谷、山峰、瀑布等种种巧夺天工的自然雕琢。最美的当然还是星罗棋布的湖泊。她的美，在那每一寸的山水间，让你采撷不尽；她的风韵，让离去的人们依旧回味。

用“湖光山色”来形容英格兰湖区的景色是再合适不过的了。这些湖泊就如同群山之中的晶莹宝石般优雅而美丽，波光粼粼，宁静如画，仿佛从树林里探出头来的彼得兔展臂迎客。水是这里的灵气之源，无论是广阔的温德米尔湖，还是小巧的葛拉斯米尔湖，都让人感叹大自然的神奇力量。著名英国浪漫主义诗人济慈曾说，温德米尔湖能“让人忘掉生活中的区别：年龄、财富”。你很容易就会迷失在美景

落日斜晖中的湖区，近与远，深与浅，明与暗，各种色彩与光影在这里交相辉映。真实与幻境，只在一念之间。

中，忘了时间，有种“天上一日，地上十年”的感觉。

不管是上天的造化安排，还是这里的山水灵气与恩泽，这诗情画意的景色在过去的几百年里孕育出了很多著名的作家和诗人，最为世人所熟知的就是描绘彼得兔与一群好朋友的比阿特丽丝·波特，另一位威廉·华兹华斯则是英国最有名的浪漫诗人。

威廉·华兹华斯和另外两名诗人柯勒律治、骚赛，合称为“湖畔诗人”。英格兰的这片美丽湖区，已经不可改变地与浪漫诗歌联系在一起了。华兹华斯曾说：“我不知道还有什么别的地方能在如此狭窄的范围内，在光影的幻化之中，展示出如此壮观优美的景致。”是的，没有人知道，因为最好的已经在这里了。当你沿着湖边的林中小径散步、呼吸着湖上的氤氲雾气时，千万不要忘了带上纸和笔，也许，你的诗句就会诞生于刹那之间。

湖区周围的小镇是令人觉得很舒服的地方，它们大都掩映在树林中，或是建在湖边。沿路走，两旁的绿树是以如此美丽的姿态伫立风中，更有被枫叶染红的美丽温馨的小房子。晚上，玻璃窗上绘着秀气的图纹，中间亮着一盏昏黄的灯，就这样构成一幅令人赞叹的画面。在这如诗如画的湖边，捧一本经典的英文诗集，度过一个远离尘嚣的安静夜晚，实在是无比惬意的事情。

彼得兔绝对是吸引世人的一个原因，但绝对不是吸引世人的唯一原因。湖区的自然美景和深厚的人文底蕴，让人们流连忘返，

自然界拥有的一切美丽景色似乎都在这里了，湖水是让人心动的蓝，伸出手，天堂仿佛就在眼前。

巍峨远山，明镜湖光，城堡的倒影，童话的世界翩然而至。

那感觉像是经历了整个春天。铺满落叶的小道，感觉渐凉，空气中有水汽迷漫。在层层叠叠的林荫间，偶然可见波光闪动，片片白帆掠过湖面。不经意间，秋意已将绿叶催生出红晕，虽已近正午，晨雾却仍未消散。好久不见湖泊边缘，无尽的潮汐，携来卵石和落叶堆砌成堤岸，清澈的微波卷来，水浪的节奏如同催眠。

春夏之交来到这里，满目翠绿、缎面般宁静的湖水，天鹅绒般的草坪，好像一幅还未干透的水彩画。在草地一隅一处不起眼的地方，一扇小小的木栅栏门，是通向桃源的秘径。仿佛突然跌入时光隧道，连正午最灿烂的阳光也透不过树荫，脚下湿润的泥土生满青翠的苔藓，有潺潺的小溪流向湖边，水声鸟鸣回荡在耳边。从镇上的繁忙要道钻入原始丛林，告别了人语车声，清冷的小径少有人烟，太过安静，连落叶飘零都会打扰这宁静。

没有人知道，怎样的言语才能描绘出这样的清新与明媚，因为来不及开口，它已经如此真实地幻化在眼前。

遥远的风笛声、极目的原野、醉蓝的天空、小桥人家、威士忌酒香，构成了湖区——一段生命旅程最接近天堂的地方。欣赏着如风景画般的山林美景，沉浸于英格兰特有的悠闲世界，贴近自然，感觉自己仿佛有了翅膀，飞向那美丽、静谧的天堂。

佛蒙特森林
Vermont Forest

金色的季节中那一片最浓烈的红艳，除了佛蒙特，世界上再没有哪一个地方，可以连秋天都这般轰轰烈烈。

★名称：佛蒙特森林
★位置：美国

奥斯卡金奖电影《阿甘正传》里，阿甘在失去珍妮后一阵疯跑，从大西洋跑到太平洋，从麦浪翻滚的原野，跑到一个红叶灿烂的小镇。这个经典的红叶镜头，就是在佛蒙特的珍妮农庄拍摄的：长长的栅栏，暗红色的小房子，漫游的水牛，衬着金秋原野的背景，完美如画。

“佛蒙特”（Vermont）取自法文，即“绿色山峰”的意思，位于美国东北部。在这里，青山山脉纵贯南北，山峦起伏，人口稀少，在2.5万平方千米的范围内，95%的地方为林木所覆盖，剩下的就是山溪河流。

春夏之间，佛蒙特青山映碧水，蓝天衬白云，景色非常美丽。

佛蒙特的秋景更是美得醉人：群山叠翠，枫林茂盛，又点缀以浪漫的农庄、独特的风雨木桥，还有小镇上的白色教堂，好一幅风景油画杰作。北半球到秋季，白天开始变短，受阳光渐少和气温渐低的影响，佛蒙特满目的枫叶逐渐由绿转黄，再变橙黄、鲜红、深红，呈褐红色后就零落于地。每年10月中旬，整个佛蒙特是“万山红遍，层林尽染”，世界各地前来观赏、拍摄的游客如期蜂拥而至。

佛蒙特北部靠近加拿

佛蒙特枫林中的糖枫既是一种经济作物，亦是一种很好的观赏植物。深秋的枫林中薄雾袅袅，如梦似幻。

大边境的地方，气温低，海拔高，枫叶最早变红，此后，红色每天向南延伸十几千米。人们有幸看到这番人间奇景：目之所及，北方的枫叶已然红透，南方还是全黄；南北交界处的色彩最为丰富，从最深的紫红，到火把一样的赤红，明明暗暗的金黄，再缀以松树的绿、木屋的白，这满山遍野的锦绣，如火如荼的勃勃生机，能将你的所有感觉叫醒，哪里还有所谓悲秋之慨。

除了标志性的枫叶，这里还有红色谷仓、白色尖顶小教堂、廊桥、奶牛场、小镇、丘陵……处处是典型的美国田园风光。如果说中国的田园意境是“采菊东篱下，悠然见南山”，那么，美国版本的归隐理想，应该就是佛蒙特的意境：一座白色尖顶木屋，门前一条弯曲的石子路，路边一块方正的池塘，屋后斜着一棵老树，枝干黑漆漆的，满树五角形的叶子还是绿的，只在树顶红了三两片，像是栖着红色的鸟……

枫叶在秋天来临的时候开始了色彩的变化，逐渐由绿转黄，再变橙黄、鲜红、深红，最后呈褐红才掉落。

在佛蒙特，不会有声色犬马的刺激，也没有纸醉金迷的新潮，它一味洋溢着温和与安静。佛蒙特州几乎没几页历史，经济也不是风风火火，但壮美如斯，优美如斯，谁愿意迁居那浮躁的繁华都市？到了佛蒙特，你才知道什么叫安居乐业，什么叫自然和谐。

沃特顿湖区
Waterton Lakes

沃特顿湖和众多的湖泊倒映着山上的雪景，当地的印第安人把这里称为“山脉闪光之地”。幽深绝美的湖光山色，使这里成为闻名遐迩的梦幻之地。

★名称：沃特顿湖区
★位置：加拿大／美国

沃特顿湖位于加拿大西南部艾伯塔省与美国西部蒙大拿州交界处，落基山脉从这里穿过。远古时期，这里曾经是茫茫大海，后来由于造山运动，这里隆起为高山。在200万年前的第四纪冰期，巨大的冰川刻蚀山岩，形成了到处可见的两侧岩壁笔直陡峭、底部宽阔的冰川谷，以及650多个湖泊。

沃特顿湖区夏季晴朗凉爽，冬季湿润多雪。两种相对的气流强烈影响着沃特顿湖的气候，一种是干冷的来自北极大陆的冷空气，另一种是对沃特顿影响相对较大的来自太平洋的湿润空气。

沃特顿湖区年平均风速达每小时32千米，在冬季的个别日子里，风速超过每小时120千米。北美特有的奇努克风使这里冬季的气温在大部分日子里都保持在0℃以上，使得这里成为加拿大冬季最温暖的地区之一。奇努克风是一种强烈的干暖西风，冬春两季从太平洋海面上吹向美国西部海岸和加拿大西北部海岸，并顺着落基山脉南下，对北美洲的气候有较大影响。为了保护这里的美景，美国和加拿大在1932年共同建立了沃特顿—冰川国际和平公园，公园由加拿大的沃特顿国家公园和美国的冰川国家公园组成。这两座公园在地理上浑然一体，只不过被国界线隔开了。

公园内，建有总长为1360千米的公路。湖泊密布是沃特顿国家公园的特色之一，从北向南依次是罗乌亚湖、米德尔湖、阿帕湖和沃特顿湖。其中，沃特顿湖和沃特顿国家公园一样，都是为了纪念英国自然科学家查尔斯·沃特顿而命名的。查尔斯·沃特顿对沃特顿国家公园的环境保护以及公园的设立做出了很大的贡献。

在沃特顿湖区，冰川的侵蚀对地形的塑造起了决定作用，冰川表面上看上去静止，但能量十分强大，在过去和现在一直不停地塑造着沃特顿湖区独特的地表，创造出了沃特顿湖区独特的山脉与大草原相连的景观。冰川国家公园正是因其园内冰川密布而得名。公园的中央是落基山脉险峻的雪峰，雪线以下生长着冷杉等高寒植物。山脉北侧发育有加登华尔和格林奈尔等现代冰川。

沃特顿湖区最古老的岩层是远古海洋时期沉积形成的沉积岩，它们已经有15亿年的历史。在这一岩层里，经常可以发现古代海洋生物化石。沃特顿湖区有种红绿相间的板岩，在阳光的照射下，非常耀眼。这种岩石红色的成分是氧化铁，绿色的成分是非氧化铁。

沃特顿湖地区地形的复杂导致了生物的多样性。沃特顿湖区生长着250种鸟类、240多种鱼类、上千种昆虫、1200多种植物和近300种地衣，其中有18种是这里特有的植物。这里还生活着60多种哺乳类动物，其中有美洲熊和美洲野牛等珍稀动物。湖区的爬行动物种类不多，但是它们在维护生态平衡方面的意义并不比大型哺乳动物逊色。它们使得沃特顿湖区同时成为一座动物的天堂。

沃特顿湖湖光山色，异常美丽。

雷尼尔山
Mount Rainer

位于美国西雅图附近的雷尼尔山创造了北美的降水量之最。登上顶峰的约翰·穆尔盛赞这座山具有“辽阔的、像地图一样的景致”。

★名称：雷尼尔山
★位置：美国
★高度：4323米

发现雷尼尔山的第一个欧洲人是乔治·范库弗上尉，他在1792年为英国绘制帕基特海峡的地图时看见了雷尼尔山，将其描述为“高险陡峭、白雪皑皑的山峰”，并以他的一位从未见过此山的朋友里尔·阿德迈隆·皮特·雷尼尔的名字为其命名。其实，邻近的印第安部落早就知道此山，并称其为“塔荷玛”，意思是“上帝之山”。雷尼尔山高度为4323米，远远超出周围1800米高的群峰。从西雅图能看见数百座山，但当人们提及“那座山”的时候，人人都知道指的就是雷尼尔山。一个多世纪以来，雷尼尔山深深吸引着来自世界

雷尼尔山远眺

各地的登山爱好者，一方面是因为这是一个挑战，另一方面则是因为在1888年登上顶峰的约翰·穆尔盛赞这座山具有“辽阔的、像地图一样的景致”。雷尼尔山的早期登山者之一——乔治·B.贝利于1886年写道：“从山顶四望，是令人难忘的雄伟和宽广。1500米以下的景色都隐没在雾海之中，只有较高的山峰探出，如海中浮岛。”

雷尼尔山的峰顶常年积雪覆盖，而半山腰则在夏季开满了美丽的野花。

喀斯喀特山脉从加拿大境内的加里巴蒂山一直绵延到美国境内，而雷尼尔山正是喀斯喀特山脉中最高的火山。这座火山的形状大约已经保持了100万年，地质学家估计，在火山喷发之前，雷尼尔山比现在还高出600米，是由于山崩和冰川的侵蚀才将其降至现在的高度。尽管山顶的火山坑中仍有蒸汽冒出，但地质学家认为它正处于休眠状态，而这种状态还可能会发生变化。因为它南面的邻居圣海伦斯山于1980年发生了剧烈的爆发。

雷尼尔山拦截了来自太平洋的湿润空气，气候异常湿润。1971～1972年冬天，这里的降雪量达到20米，创造了北美历史上的降雪之最。充沛的降雪使雷尼尔山发育了25条现代冰川。在美国除阿拉斯加以外的49个州中，雷尼尔山冰川数量最多。积雪在夏季融化，灌溉着野花竞放的草地。该地区的早期定居者艾坎尼·隆迈尔被冰川、雪莲、晶莹闪烁的星辰和地毯般覆盖的青草地所组成的如画美景深深打动，赞道：“天堂肯定就是这样的。”他的溢美之词正是位于雷尼尔山的天堂冰川名字的由来。

挪威海岸

Norway Coast

提起挪威，人们最先想到的多半是Beatles那首《挪威的森林》。那同时也是格里格的一首伟大的乐曲名。其实，挪威并不以森林著称，它的魅力主要体现在绵长蜿蜒的海岸线上。

★名称：挪威海岸
★位置：挪威

在斯堪的纳维亚半岛的西部，有一个被北海和大西洋环绕的富饶国度，这就是挪威（意思是“欧洲大陆通往北方的必经之道”）。它西临大西洋、北濒北冰洋，与瑞典、芬兰为邻，并隔斯卡格拉克海峡和丹麦遥遥相望。

挪威的海岸线包括近5万个岛屿和峡湾，曲曲折折地绵延2万多千米，形成了断岸深港、瀑布峡湾等许多独特景观。这里既有挪威最深最长的松恩峡湾，也有世界上最美的盖伦格峡湾，还有幽静闲雅的哈丹哥峡湾。众多的峡湾成为挪威海岸独树一帜的标志。当你从容悠闲地泛舟于这旖旎迷人的海岸，会陡然发现，那些神话般巍然矗立的冰山就倒映在眼前蔚蓝清冽的海面上。据称，一群神秘的峡湾至今仍为冰川所覆盖。沿岸的冰川和雪山，在这里静静地矗立了千万年，几度沧海桑田、世事变迁，是否就是为了期待我们今世的造访呢？

西福尔郡的石头海岸，正是日落时分。

曾经以为北欧人定是冷静内敛，一如那里的气候。蓦然回首，却发现他们的内心中，其实涌动着一种冰火交融的激情。由于挪威国土面积的1/3在北极圈内，这里有着我们这个星球上堪称奇景的极昼与极夜现象。

当漫漫寒冬远去，阳光明媚的夏天到来时，挪威人就迫不及待地争相出去度假，享受轻松与悠闲，释放压抑许久的狂欢。每年夏至那天，挪威人都会集体在海边燃起盛大的篝火，很多家庭还会带上孩子，到海岸附近的小岛上过一个烧烤狂欢夜，庆祝不眠的太阳重新回来。挪威人用火去迎接午夜的太阳，源于一种先民的信仰——盛大的篝火可以帮助太阳走过漫长、黑暗而寒冷的冬季。

挪威，这个傲视沧海、惊涛拍岸的国度，大自然赐予了它足以震慑世人的魅力，这冰川，这海水，这火焰，看似不可并存的三类因素，在那儿却完美和谐地融合在一起，构成了一幅奇妙壮观的画面。那些生活在冰冷清澈的海水中的各种海洋“宝藏”，在水中从容不迫地发育成熟，默默赋予挪威海岸以珍贵的生命。挪威海岸的人们已经学会了以崇敬和爱心接受自然的恩赐，并懂得了如何去呵护，懂得了向世人虔诚奉献。

艾于兰峡湾是挪威2万多千米弯曲的海岸线上的众多峡湾之一。挪威峡湾是冰河时期留下来的遗迹，其壮阔精彩的风光被誉为“挪威的灵魂”。

普罗旺斯
Provence

有一个地方，生活简朴而高尚，生活节奏舒缓，可以好好地吸一口忘草香，尝一口鲜味芝士，感觉惬意而满足……渐渐地，就忘记了时间。这里就是法国的普罗旺斯。

★名称：普罗旺斯
★位置：法国

如果有人说普罗旺斯是彻底的浪漫，大概也不过分，因为这里除了恒久流传的浪漫爱情传奇，还有因电影节而著名的戛纳，因《马赛曲》而闻名于世的马赛，因《基督山伯爵》而为众人皆知的神秘的伊夫岛，还有儒雅的大学城艾克斯和阿维尼翁、回味久远的中世纪村庄、街边舒适的小咖啡馆……现代文明和古老文化交相辉映，令人沉醉。每年有数百万人涌入这里，想亲临画册上难以描摹的美丽景致，及小说、散文中不可置信的悠闲与华丽生活。

很难说是普罗旺斯的浪漫爱情更吸引人，还是这里的景致更让人流连。这里天空蓝得通透明澈，空气像新鲜的冰镇柠檬水沁人心脾，心底最深处如有清泉流过，叫人直想放歌。漫山遍野的薰衣草让人狂喜不已，自行车上、牛头上、少女的裙边插满深紫浅蓝的花束，整个山谷弥漫着熟透了的浓浓草香。田里一垄垄四散开来的薰衣草和挺拔的向日葵排成整齐的行列一直伸向远方，田边斜着一棵苹果树，不远处几栋黄墙蓝木窗的小砖房子……

奥泽面包店有30多种面包和神奇的面包雕塑，在当地很受人们的欢迎。

如果有人来普罗旺斯是为了追寻骑士的脚步，那也一定有人是为了看一看薰衣草，那在电视剧《薰衣草》里让人着迷的蓝紫色小花，是普罗旺斯的标志。七八月间的薰衣草迎风绽放，浓艳的色彩装饰着翠绿的山谷，微微辛辣的香味混合着被晒焦的青草芬芳，交织成法国南部最令人难忘的气息。这种多彩的爱情小花盛开在鲁伯隆山区和施米亚那山区。阳光洒在薰衣草花束上，是一种泛蓝紫的金色光彩。当暑期来临，整个普罗旺斯好像穿上了紫色的外套，香味扑鼻

的薰衣草在风中摇曳。

普罗旺斯的大自然是慷慨的，或许伟大的香水技师并未从中获得多少启示，但对于艺术家来说，它的的确确是灵感的源泉。马蒂斯、雷诺阿、毕加索、伯纳尔、夏加尔……都曾流连于此。

你很难找到什么地方能像普罗旺斯一样，将古今风尚如此完美地融合。穿越在普罗旺斯的古城和小山村里，任何人到了这里都要学会放下城市里惯有的匆忙步伐，而去慢慢地品味阳光下摇曳的树叶，石墙上见人不惊的小鸟和空气中弥漫的薰衣草香。

当人们再次享有宁静，或是沐浴暖暖的阳光，或是细品醉人的落日，或是仰望缀满星辰的夜空，都会由衷地感到，生活不会再比此刻更加美好了。

普罗旺斯是薰衣草之乡，每到七八月时，翠绿的山谷铺满了无边无际紫色的花田，香味扑鼻的薰衣草在风中摇曳。

托斯卡纳
Toscana

佛罗伦萨的古典建筑，文艺复兴时期蒙娜丽莎的华丽微笑，还有城市新贵的考究时尚，乡下橄榄庄园的淳朴……托斯卡纳把欧洲所有纯美与浪漫的元素，都凝聚到了自己身上。

★名称：托斯卡纳
★位置：意大利

位于意大利中北部的托斯卡纳，是一个混合了佛罗伦萨的古典建筑，文艺复兴时期蒙娜丽莎的华丽微笑，还有城市新贵的考究时尚，乡下橄榄庄园的淳朴，以及天高云淡、阳光明丽的深蓝天空下的地方。

当19世纪英国诗人勃朗宁夫妇传奇般的爱情以私奔告终、逃离英国移居意大利时，就没有错过托斯卡纳，因为“这里的空气似乎能穿透你的心扉”；《看得见风景的房间》中乔治向露西表白的地方，就是托斯卡纳的草地和葡萄园；电影《托斯卡纳的阳光下》点缀着神秘古堡、橄榄园、挺拔黑松的起伏舒展的田园风光。

如果要用一幅画面来概括托斯卡纳的印象，那就是一条两边长着树冠修长的柏树的乡村土路，小路直通向遥远不知名的地方，好像要把人带回到托斯卡纳辉煌的文艺复兴年代。

蜿蜒的乡间公路从绿色的田野穿过，如剑般的柏树耸立在路两边，这是托斯卡纳常见的乡间景象。

这个被认为是文艺复兴发端的地方，涌现出了以乔托、米开朗基罗、达·芬奇、但丁和拉斐尔为代表的一批杰出艺术家。在托斯卡纳，连大自然都很精致优雅，美丽的乡村景色比比皆是。

这并非偶然天成，一草一木，田园乡村，城堡农舍，线条、造型和远近颜色的呼应，其实都积淀了一代又一代人的心思，几百年沧桑下来，一切都变成天衣无缝的自然，显出唯美如画的朦胧。

托斯卡纳，有着属于优美生活的独特色彩，那是阳光下的蓝天白云，是色彩鲜艳的墙壁，是深绿色的百叶窗和深红色的屋顶。这里有一种灰色城市没有的海阔天空和不关现实的幻想之美。这是种蓝色，它以一种绝望的姿态出现在人们的梦里。蓝得不真实，带着眩惑。

世界上只有很少几个地方，早上可以这么优美地醒过来。窗外是广袤谷地，让你可以在带露水的白雾里呼吸。一座小教堂立在隆起的草地坡上，白墙红窗，旁边两棵柏树，一棵笔直，一棵有点儿斜，让小教堂在天地间的飘然孤立很有分寸地凸现出来。

微微丘陵间，伞一样张开的针叶树和直立的黑松遥相呼应，点缀出一望无际的纵深感。小路像飘带一样在绿色中迂回，伸向山头上的白色石堡。古老的橄榄树，微斜的三层古塔，在阳光里散发出懒洋洋的、旁若无人的气息。高起的小丘上，隐约可见树后的独立农院，古老的别墅……

德·尼罗普说：当美酒与城市结缘，酒是有性格的，城市也是。希腊神话里，酒神是位头戴花环，身披藤萝的美少年，日日扛着酒罐子四处游走，罐子里清凛芬芳的美酒泼洒在哪里，哪里的人们就有了狂欢的心情。

也许，托斯卡纳就是被酒罐泼到的地方。有时候，很难说，酒与城市，谁成全了谁，谁浸润了谁，谁又感染了谁。只是，当城市与美酒间有了声气相投的默契，这个地方就变得异常洒脱而鲜活起来。

托斯卡纳葡萄酒，有一种与众不同的高贵味道。在晚餐的时候点起蜡烛，雪白的桌布上摆着橄榄油、黑胡椒粉、Chianti红酒。在餐馆坐定，生菜色拉、意大利式鲟鱼块、蘑菇烩牛肋排、磨坊小龙虾、海鲜通心粉……一道道托斯卡纳美食上来了，在幽昧的烛光中大家开怀畅饮，好像活在中世纪的图画中。

托斯卡纳——酒不醉人人自醉。

山丘中的雾气使托斯卡纳看起来是如此沉静，但也给它蒙上了一层神秘的面纱。

夏威夷
Hawaii

夏威夷的字典里没有“浪漫”这个字眼，因为夏威夷不需要制造浪漫，夏威夷的空气中，处处都弥漫着“浪漫”。

★名称：夏威夷
★位置：中太平洋（美国）

寻求梦中乐园的英勇航行者，在哥伦布以前1000年，依靠太阳和星星、气流、水流和上帝的声音来导航，穿越千万海里的路程，发现了一个与众不同的地方：一座从蔚蓝的海上升起的、宛如明珠般的古老岛屿。他们终于找到了自己的梦想，并称之为“夏威夷”。

提起夏威夷群岛，人们立刻会联想到几块翠绿色的土地被宝蓝色的海水包围着，景色好得让人忘却了世界的存在。想象一下平静的海水，湛蓝的天空，新鲜的空气，舒服的阳光，充满了纯净的快乐，无处不在的浪漫，这里，就是夏威夷。

夏威夷群岛位于海天一色、浩瀚无际的中太平洋北部。俯瞰夏威夷，就像一串光彩夺目的珠链在白云悠悠、海水深碧的茫茫大洋上熠熠生辉。无怪乎马克·吐温曾盛赞夏威夷是“大洋中最美的岛屿”，是“停泊在海洋中最可爱的岛屿舰队”。

高大的椰林，宁静的海湾，都沐浴在夕阳的余晖中，夏威夷也有着静如处子的一面。

夏威夷群岛由8个大岛和100多个小岛集合而成，其中有6个主要的观光岛屿，个个都是碧水白沙，也是冲浪、风帆、潜水运动的人间天堂。6座岛屿，6种体验：瓦胡岛结合自然与现代都会气息，各种娱乐设施齐全；毛伊岛充满梦幻，赏鲸、打高尔夫都适宜；翡翠绿色的可爱岛犹如世外桃源，是结婚、度蜜月的好地方；最大的夏威夷岛可从事丰富的探险活动；莫洛凯岛最具有夏威夷特色；而拉纳岛则充分展现了宁静浪漫的一面。

夏威夷四季如春，雨量丰沛，阳光充足，空气清新，林木茂盛，各种热带植物争奇斗艳，是大自然最美和最浪漫的结合。那里有蔚蓝的大海、干爽宜人的气候、洁净的沙滩、丰富的水上活动、林立的高级度假饭店，再加上当地人民的音乐及舞蹈，自然而然散发出悠闲、浪漫的情怀。

夏威夷风光明媚，海滩迷人，日月星云变幻出五彩风光：晴空下，美丽的海滩，阳伞如花；晚霞中，岸边蕉林椰树为情侣们轻吟低唱；月光下，波利尼西亚人在草席上载歌载舞。夏威夷的花之音，海之韵，为人们奏出一支优美的浪漫曲。当然，还有让世人难忘的珍珠港……

海水是咸的，爱情的味道却香甜甘美。夏威夷一年四季的气候都在26℃之上，空气湿润，岛上的每一个地方都异常干净。夏威夷的每一棵棕榈树下，都存在着浪漫。有“爱之岛屿”之称的夏威夷大岛的夜空非常美丽，一轮巨大的圆月挂在山坡上，如同人工月亮。到山顶上数星星是恋人们的最爱。

檀香山有着世界最著名的威基基海滩，海滩上种满了棕榈树，远处可以看到美丽的钻石山。钻石山是一个火山，是瓦胡岛的一个明显标志。据说第一个发现夏威夷群岛的英国人库克船长，在夜晚看到整个山头冒出蓝光，像蓝宝石一样闪闪发光，就把它称作钻石山。威基基海滩上，阳光明快地照耀着沙滩上的人们，天空蔚蓝纯净，白云悠悠滑过。比天空更蓝、更纯净的大海温和地敞开胸怀，宽容，大度，慈祥，包容万物而浸润万物。

新鲜的木瓜是来到夏威夷的游人最钟爱的热带美食。

世界上很难再找到像夏威夷这样一个令人身心完全放松的热带环境了。蜿蜒的海岸在菠萝树、棕榈树的点缀下依偎着崎岖翠绿的山路。傍晚，温暖的海面映射着绚烂的夕阳，散布在岸边的五彩阳伞下面飘散出异国美酒的醇香。

夏威夷，就这样成为所有人向往的天堂。

塞舌尔
Seychelles

塞舌尔拥有了一个美丽的海岛国家应该具有的一切。这里被称为“世界上最纯净的地方”。所有的享受之外的事情在这里都显得很世俗，只要静静地躺在沙滩上听海水涌动的声音，就会知道什么是真正的“祥和”。

★名称：塞舌尔
★位置：西印度洋

在遥远的印度洋上，有一个远离大陆、独处一隅的国家。很多人给了它很多美丽的名字，它是净土，是乐园，是人间天堂，是世外桃源，是印度洋上的明珠。这是因为塞舌尔拥有了一个美丽的海岛国家应该具有的一切：蓝天、碧水、阳光、沙滩、海风……甚至更多。

踏上塞舌尔的土地，迎客的是栀子花的香味，犹如清晨的波涛，好似日出前的凉风，从四面八方向人们袭来。在岛上待得久了，就会发现，这种天然的植物香味无处不在，使呼吸这件最简单的事情，在岛上也变得无比愉悦。

这世外桃源般的净土，实在是目前动荡不安、人心惶惶的时代最理想的逃亡地。土著人，蓝天，白云，金黄色的沙滩，翠绿的丛林和清澈见底的海水，几乎都是纯洁的色彩，连空气都有热带雨林的味道，不带丝毫的杂质，闻起来觉得心神气爽。难怪塞舌尔与马尔代夫、毛里求斯同被列为印度洋上的三大明珠，也是当今世上最纯净的地方之一。

塞舌尔有一种不经意的迷人元素，一种很原始的吸引力。一路上翠绿的山林和沿海的小路，有点儿像电影《侏罗纪公园》里看到的原始景色。偶尔会经过一些小渔村，一路上没有太多车子，所以经过时，岛上居民都转头来看，流

塞舌尔有着丰富的色彩，碧绿的树叶，鲜艳的花朵，一派旖旎的热带风光。

塞舌尔的沙滩是如此细腻与清洁，行走在沙滩上，接受柔和的海浪的抚摸，让人恨不得把时间留住。

露的不是没有见过世面的那种热情或好奇，而是一种相当有气质的“欢迎”。所以有人说，塞舌尔的岛民是最高贵、最有气质的。

在塞舌尔，最大的幸福就是什么都不必做。不看电视，不看报纸，不用电脑，连SMS都不去收。塞舌尔面临印度洋壮丽的景色，有的是粉末沙滩、摇曳棕榈树以及郁郁葱葱的热带森林，让人有宛如置身天堂的感觉，能尽情体验塞舌尔风格的浪漫气息、活力以及销魂的异国情调。

海椰树是当地的特产。当美丽的爱情故事活生生地出现在植物之间的时候，总是会让人好奇与惊叹。相传在很久以前，南亚地区马尔代夫的渔民在海上捡到一种硕大奇特果实的空壳，便以为它们生长在海底，就称它们为海椰子。海椰树一般高五六米，总是一高一低，雌雄异株合抱或并排生长。更有趣的是，如果雌雄中的一株被砍，另一株便会“殉情而死”，故又有“爱情之树”的美称。如今，塞舌尔是世界上唯一保存着海椰林的国家，塞舌尔的许多岛屿还保持着原始的状态，成为珍异动植物的庇护所。

人们都说，塞舌尔的沙滩是世界上最美丽的沙滩。不论走在干或湿的沙滩上，都是一种享受，沙粒的幼细确实罕见，因为它们是如此之细，以至脚底完全没有任何不舒服的感觉。整片沙滩没有一点儿垃圾。如果抓几把沙装进瓶子里，整个沙瓶几乎没有瑕疵，沙粒里竟然没有任何污垢。

塞舌尔还有个美丽的别称，叫“燕岛”，是世界闻名的观鸟园和植物观赏园，到处有种类和大小不一的鸟儿在群山丛林之间飞翔。当你听到各种不同的虫鸣鸟叫声时，你肯定会对那么动听的大自然协奏曲感到惊讶，因为这些声音是很多城市人从来没有听过的。

塞舌尔的第一大岛是马埃岛。马埃岛的海滩宽阔而平坦，水清沙白，是进行海水浴、日光浴、风浴和沙浴的最理想地方。潜入美丽的海底，你会看到五彩缤纷的珊瑚和五光十色的鱼类世界，心中顿生一种渴望，为何不能变成一条鱼儿遍游海底呢?

忙碌地工作太久，有时大概突然会有股冲动要抛开一切，去寻找一个呼吸空间。这种地方，在地球上还是有的，塞舌尔就是其中一个。

克里特岛 Kriti Island

“在远处暗蓝色的大海上，浮现着一个岛屿，那就是克里特……米诺斯王住在岛上的克诺索斯城。”文化的怀旧或者说是再现，是一种创造的艺术，希腊人做得几乎天衣无缝，令人钦佩。

★名称：克里特岛
★位置：希腊

在欧洲，地中海东部爱琴海上的希腊地区，著名的克里特岛呈现出了“米诺斯文明”，那些保留至今的巨大王宫、形象而生动的壁画、精美的黄金饰品以及华丽的服饰，震撼着每一个来访的贵客。

在古代希腊最辉煌的时期，比如希波战争或者伯罗奔尼撒战争时期，克里特岛基本上处于默默无闻的边缘地位，人们只知道它属于希腊文化的范围，但是那里没出过什么名人，也没发生过了不起的大事。也就是说，克里特岛那时候已经衰落得不像样子。

但是我们有必要知道，希腊神话中的大神宙斯就出生在克里特岛。这也许具有象征意义：克里特岛辉煌过，但是后来大神离开了。或许是因为这里是地震的多发地带，或许是由于异族的入侵，就像它突然出现一样，克里特文明的消失也很突然。在公元前1400年，克里特文明突然间消失，至今仍然留给世人一个解不开的谜。所以说，米诺斯文明虽然璀璨却短命。

庄严的东正教堂正和克里特岛的气氛相适宜，高高的十字架饱经了历史的沧桑，见证着人世间的盛衰荣辱。

不知道是出于何种灵感，伊文斯感到有必要通过考古挖掘重新确立克里特岛在希腊文化中的地位，这使他付出了几十年的时间，发掘出了一座宫殿，证明在希腊的克里特岛上，确有这样一座迷宫——克诺索斯宫。他因此成为英国历史上最伟大的考古学家，获得了数不胜数的荣誉和头衔。

在米诺斯文化中期，克里特人以岛北部的克诺索斯城为中心建立了统治全岛的国家，并控制了爱琴海大部分岛屿和希腊南部沿海地区，是当时欧洲第一海上强国。公元前1700年前后的一次大地震使岛上建筑大部分毁坏，后来重建的王宫比以前的更加恢宏壮观，伊文思发掘出的迷宫，就是在那次地震之后重建的王宫。然而，在200年后的公元前1450年左右，克里特岛的这个伟大文明突然衰落、中断，那些克里特人也突然销声匿迹。

后来的迈锡尼人统治了克里特岛，那么，为什么他们没有使用这座王宫呢？是不是这座王宫在迈锡尼人到来前就已经被什么力量损毁了？

使人们牵肠挂肚的迷宫或许是被找到了，然而，它本身却又成为一个巨大的谜，这个谜开始牢牢地抓住人们的心思。这就是文化迷宫的魅力，它不停地诱使我们从一个境界到达另一个境界，其中的艰辛和快乐是等值的，而这个过程，只有进步，没有结束。

吸引人们前来克里特岛的不仅仅是蔚蓝的海水，它那神秘的传说、遥远的神话、希腊文化起源的地位，也使人们对这个古老的小岛充满了向往。

黄金海岸
Gold Coast

这是城市生活与澳洲沙滩文化奇妙的结合：高楼林立的购物中心，停泊私人游艇的海景别墅，梦幻世界游乐场和电影世界，扣人心弦的主题乐园，就这样被不着痕迹地组合在一起，一切都显得那么协调，那么自然。

★名称：黄金海岸
★位置：澳大利亚

如果你对文明的度假方式情有独钟，那么你一定会爱上黄金海岸给你的五光十色。由南港南下至库连加塔的海岸线，充斥着豪华旅馆、购物中心、餐厅与游乐场所，使黄金海岸坐上了澳洲观光事业的第一把交椅。

在澳大利亚东部沿海，有一处绵延42千米、由数十个美丽沙滩组成的度假胜地，它就是著名的昆士兰黄金海岸。这里地处亚热带，终年阳光普照，首尾相接的海滩形成了一条金黄色的玉带，景观壮丽。澳洲的黄金海岸不像泰国的普吉岛，少了东南亚的撩人妩媚，多了大洋洲的自然爽朗。

黄金海岸绝佳的气候、多彩多姿的活动，令它闻名于世。黄金海岸有着犹如世外桃源般的天然美景，长长的沙滩、热带雨林、珊瑚岛，数之不尽。在这里，光与影的奇妙结合，永远让人迷恋。

在海边，很多男女老少为了感受南半球耀眼的太阳，毫无顾忌地展现着自己的肌肤。这时，如果你很随便地打个招呼，就能加入澳大利亚人当中，成为他们的一员。试想在世界上最美丽的海滩上，卧于碧波、阳光之中，会是多么惬意。

黄金海岸举世闻名，这里既有绝佳的海边风光，也有丰富的娱乐设施，还有高档的购物场所，是一个真正的“人间天堂”。

黄金海岸外表看起来非常都市化：海滩旁观光饭店林立，观光农场在表演澳洲农庄生活节目；沙滩边的国际级度假酒店中，美食、醇酒、音乐、舞蹈，再加上金碧辉煌的赌场，上演着一幕幕笙歌达旦的戏剧；沙滩上五颜六色的阳伞，高高架起的排球网，坐在凉椅上或躺在沙滩上晒太阳的人们，所有这些，将这个每年超过200万人造访的黄金海岸点缀得热闹异常。

其实，黄金海岸也同样美得自然天成，有“澳洲的夏威夷”之称。近郊山脉覆盖着大片雨林，盛行四轮驱动车的雨林探险之旅；绵延42千米长的洁白沙滩，与湛蓝无垠的蓝色海洋间，以一朵朵白色碎花般的浪花相连接；在黄金海岸金色海岸线的后面，著名的辛特兰仿佛碧绿的天幕，到处是亚热带雨林、瀑布、灌木丛小道；黄金海岸西面的山脉，被称为“黄金背后的翠绿”，其中的拉名顿国家公园、斯普林布洛国家公园，以及天波林山，都布满了洞穴、峡谷、瀑布、亚热带雨林等。

在黄金海岸漫步感觉很好，不论日与夜，周围都很宁静。事实上，很多人喜欢在黄金海岸漫步，沙滩上布满了大小不同的足迹，沿海岸线伸展。如能与伴侣在此长长的海岸线上漫步，在海浪声伴奏下，体验漫步人生路的感觉，这又是何等的惬意怡然？

在黄金海岸不仅可以玩海，还有许多热闹刺激的主题公园、游乐场让人尖叫，发泄和放松疲惫的身心。

皇后镇
Queenstown

人类有词穷的时候，所有能以言语形容得出的山水风光，不过是次等的容颜。皇后镇在碧水蓝天、炊烟鸟语的围绕下，寂静却多变，似幻又若真。

★名称：皇后镇
★位置：新西兰

皇后镇位于新西兰奥塔哥西部卓越山脉的山脚下，依偎着水色深蓝的瓦卡蒂普湖。

瓦卡蒂普湖是个深而蓝的高山湖。壮丽的山脉上几座覆盖着白雪的绿棕色山点缀于背景中，从皇后镇到山顶，则是一片绿油油的色彩。平滑如镜的湖面上，倒映着翠绿的树影，以及南阿尔卑斯山雄伟的山形，也难怪会获得“最适合女王居住的地方”的美誉了。

皇后镇被誉为“小瑞士”，可见其美，却又有着“冒险之都”之称。这个美丽祥和的地方之所以有这样一个名字，是因为这里全年都有惊险刺激的活动。例如，在卡瓦劳河或沙特欧瓦河上乘坐喷射快艇，这种新西兰发明的喷射快艇竟能在水面上做出各种令人难以置信的动作。皇后镇亦是高空弹跳的发源地，声名远播。皇后镇也被誉为新西兰的“体育之都”，上山滑雪，下水冲浪，拖行降落伞，喷气飞船，激流划艇……在这里应有尽有。

在皇后镇这块纯净的土地上，竟有那么多爱好惊险刺激运动的人们，或许是这里太美丽了，在一个美丽的地方进行运动，能得到更大的愉悦。

皇后镇的人甚至不知道他们有多么幸福。漫山的红黄绿，多色的树丛在各式洋楼的点缀下如诗如画。位于色彩斑斓的山丘怀抱之中的是浩瀚、平静的瓦卡蒂普湖，湖上帆船点点，天鹅嬉水。皇后镇富有诗情画意的自然美景使她成了

瓦卡蒂普湖的水是那样蓝，好像天空掉进了湖水中。

新西兰最美丽的城镇。来自世界各地的游客使这个秀丽多姿的小镇充满了大都市的喧哗。

皇后镇是新西兰最受欢迎的蜜月胜地，是“新婚旅客的乐园”。寂静的道伯夫峡湾，前一分钟是碧海蓝天，下一分钟就是神秘朦胧的薄雾弥漫，当你来到道伯夫峡湾时，感受到的就是其宁静的景致，这里唯一的热闹来自鸟儿的歌声、鱼儿的跳跃声及远处的瀑布声。沿着瓦卡蒂普湖的湖边，则有许多浪漫的咖啡馆。当夕阳西下，盏盏亮起的灯火倒映在盈盈湖水之上，人们不由自主随着轻轻流泻的音乐翩翩起舞时，你会发现皇后镇是如此浪漫。新婚的夫妇更是美在心头，此时，温柔定是会到极致。

如果你以为这是皇后镇最美的姿态，那就错了，这只是一个开始，皇后的衣摆而已。只有往镇的深处走，才知道衣摆的刺绣都是为了衬托皇后惊世的美貌。被白头的山群拥抱，天空的蓝是透明的，白云的边剪得整整齐齐，小镇是木造的，一切都是梦中的景象。在皇后镇，连空气都像是滤过的，清新得不真实。

新西兰的美景好像神奇的抹布，把积存在心上的灰尘抹得干干净净。在新西兰的好山好水当中，人会觉得自己被洗涤一新。

新西兰南岛本就是世界上最亮丽的人间净地，也是地球上最原始的海角乐园。皇后镇更是这片净土上的绝妙之处。

马尔代夫
Maldives

在马尔代夫，时间是光明正大地用来恣意浪费的。阳光太多、海水太蓝、时间太多、美女太艳，这些都成了马尔代夫独特的赤道风情。赤着一双脚在细白沙滩上，感受马尔代夫的体温；泅泳于海洋里，聆听马尔代夫的心跳频率。忘记时间、忘记工作，尽情地吃喝玩乐，是上帝允许的放纵。

★名称：马尔代夫
★位置：马尔代夫

无垠的海面上，星罗棋布着一个个如花环般的小岛，犹如从天际抖落而下的一块块翠玉。小岛中央是绿色，四周是白色，而近岛的海水是浅蓝、蓝、深邃的蓝，逐次渐深。印度洋犹如一块蓝色的天鹅绒布，在蓝色天鹅绒布上，则缀饰着一串串翡翠、绿宝石。

就是这些美丽的宝石，组成了梦想中的天堂——马尔代夫。

如果你是一尾鱼，这里便是你的天堂。但如果只有这个理由，那就太对不起马尔代夫了。因为这里还有繁星万点的夜空，还有日出与日落，还有奇趣无比的袖珍国都。马尔代夫一岛一景，岛的宁静和海的清澈，构成了一个似乎不可能存在于现实中的童话世界。

海葵在海洋深处静静地伸展着它的触角，似在讲述着那些不为人知的故事。

马尔代夫，这个世界三大潜水胜地之一，碧蓝的海水，清澈如镜。在岛四周尽是千姿百态的绵延珊瑚环礁群与神话梦境般的蓝色礁湖。雪白晶莹的沙滩，倒映在水中婆娑的椰影，大群五彩斑斓的热带鱼，构成了马尔代夫的“动画”景观。

越过沙滩是一片青葱翠绿的椰林，从海里游水上来，在两株倾斜的椰子树上拉起一张吊床，斜躺在上面，眼睛轻轻地闭着，带着一点点儿慵懒。即使阳光再猛，只要躲在这里，便可无忧无虑地小憩。在这里，时间已经完全没有意义，因为马尔代夫是个会让人忘记时间的地方。

唯有不问世事的时候，才会知道原来平静并不难求。喜欢看海就坐在码头边望着天涯海角直到永远，把天和海看成一条线。喜欢看流星就整夜待在星空下，把星星都收进从来不曾如此宽阔的眼帘。

喧哗还是宁静，任由你选择。傍晚时分，坐在岸边的躺椅上，远眺一天中最后一道阳光平和安详地沉落在印度洋里，鲜艳的橘红色夕阳，将云和海染成同样的橘红色，所谓偷得浮生半日闲，也不过如此。

与挚爱的人赶在天亮之前，摸索到日落的反方向，在静谧无人的洁白沙滩上，安然等待一天里的第一道阳光，心中默默念着："在地球上最后一个乐园里，只有我和我的爱人，还有马尔代夫……"

美丽的马尔代夫，就是人们梦想中的天堂。

巴厘岛
Bali Island

有人称它为世界之最、人间天堂、最后的乐园。在这座孤立的小岛上，发展出一种独特的文明，一直延续到现在。

★名称：巴厘岛
★位置：印度尼西亚

巴厘岛有着碧绿如茵的田园景观、茂密优雅的椰林、优美的海景、独树一帜的风土文化、深具魅力的传统宗教，是南海乐园、神话艺术之岛。

永远夏天的巴厘岛，四季总是草木青青，山花烂漫，还有那古韵缭绕的庙宇、令人惬意的银色沙滩、景色壮美的海岸峭壁。得天独厚的自然环境和孕育着高度文明的民俗艺术，使得印尼巴厘岛成为南太平洋群岛中一颗璀璨夺目的明珠，一个世外桃源般的度假乐园。

巴都尔火山幽幽地笼罩在一片雾霭之中，夕阳一点点儿洒下来细细裁剪巴厘岛的白天。也许是因为上天的恩赐使得生存不是一件特别艰难的事情，所以，好像所有热带岛屿的人们都有一种悠闲和知足常乐的气质，巴厘岛上到处洋溢着轻快欢乐的气氛。

巴厘岛如同远离冬日的美人，虽然地处赤道附近，空气却丝毫不令人觉得燥热。全岛漫长的海岸线让这里拥有了无与伦比的白色沙滩和赏心悦目的椰树林，海水清澈，海浪平静，日出美丽。南太平洋的清凉空气给了它最适宜的温度、阳光、沙滩、海浪、奇特的民俗风情……椰风海韵的诱惑，满目绿色的热带雨林和穿插其间的散发出阵阵稻香的梯田，道路两旁的树丛和四季盛

巴厘岛是一个度假天堂，自然风光优美，空气湿润而清新。海面上泛起的小舟能带给人们最古老的浪漫。

开的野花，让人觉得仿佛在画中行走。

此外，岛上约2万座星罗棋布的庙宇，以及被当地人视为“神的住地”的火山，也为这个碧海蓝天、花红草绿的“桃花源”增添了一丝神秘而古老的气息。

走在当年发生爆炸案的库塔街上，感觉不到一丝恐怖的味道，白的、黄的、棕的、黑的，各色人种都在热烈的阳光下享受巴厘岛的芬芳与浪漫。坐在沙滩上，听着海浪，吃着美味的烧烤海鲜，简直像是在享受大自然的烛光晚餐。美不胜收的自然风光、浓郁纯朴的文化气息，让人时刻陶醉于梦幻之中。甚至只需静静地坐着，呼吸一下新鲜空气，或是尝尝印尼特有的水果和食物，都能体会到一种轻松和惬意。巴厘岛是美丽的天堂，而且，它的美丽永不褪色。

巴厘岛的妇女们头顶着一筐筐物品在道路上行走自如，那些裹在艳丽的沙龙布下的婀娜身段，和五颜六色的热带水果，一起勾住了旅人的目光。

碧空，长长的海岸，无处不在的蓬勃的绿意，让人觉得远离扰攘的尘世，仿佛走进了安静而圣洁的天堂。

塔希提岛
Tahiti Island

如果天上人间在某处有着完美的统一，那个地方一定是塔希提岛。沃利斯说：这是个只有天使和生前的义人才能栖居的地方；这是个金光一闪就一切自由幻化的想象空间。

★名称：塔希提岛
★位置：南太平洋（法属波利尼西亚）

塔希提岛是“最接近天堂的地方”。这是一片美丽、原始的土地，纯朴的土著人在这里过着与世隔绝的宁静生活，男人、女人、孩子，树木、花草，一切都那么天然、和谐、纯美。

在南太平洋广袤无垠的洋面上，散落着许多美丽的海岛，像一颗颗明珠，散发着迷人的光辉，这就是法属波利尼西亚，它的首府便是塔希提岛，被称为“上帝的天堂小镇”。平原郁郁葱葱，树上果实累累，小溪穿流迂回……这里的人民享有大自然最慷慨的恩赐，处处充满热情、安逸、欢愉，以及幸福的景象。

或许是上帝也喜欢宁静悠远，于是让自己钟爱的地方远离尘世的喧嚣，独处一隅，仿佛拒人于千里之外。每天早晨，当海水的颜色从深色逐渐变得清澈透亮时，阳光也就慵懒地洒遍了整个小岛。从太平洋上吹来的海风缓缓拂过，幽蓝得抢人眼目的塔希提岛便在和风丽日的天气中逐渐展露自己独有的辉煌。

各种不同肤色、不同语言的人们，都懒懒地把自己摊晒在异乡的阳光下，享受着日光浴的同时，也体验着心灵大放假的舒畅。更有许多外国游客经年盘桓在这个伊甸园般的小岛上，漫无目的地四处游荡，个个脸上都带着梦一般的神情。

有作家称塔希提岛的魅力是“某种奇异的忧郁”。南太平洋岛屿的地理位置，决定了它四季温暖如春，物产丰富。居民不需要什么衣服，采集食物更是非常容易，常常一大群人无所事事地待在椰子树下，望着大海远处凝思。

画家高更把这里的风情收诸笔端，仿佛是在感谢塔希提岛对自己的知遇之恩。《塔希提少女》，描述的是两位当地女子相对而坐的情景，占据主体的深红色块中，一朵素色的小花簪在女子发际，静静地散发着醉人的芬芳。

如今，两位来自塔希提岛的少女早已被收藏在欧洲的艺术馆里。有人开玩笑说，一定是天气阴霾的欧洲想借这两位少女，分得一些宝贵的阳光。不错，阳光是塔希提岛最充裕的资源，也是上帝在这个天堂小镇涂抹得最斑斓的一道色彩。可以想象，就是这座未被文明同化、蚕食的原始岛屿，平息了思德里克兰德或者说高更从文明社会里带来的失望、厌倦、郁闷，也让他的后半生如同一个美妙的传奇，一个色彩斑斓的梦境。高更绘画中充溢的梦幻色彩和生命热情，怎么可能跟塔希提岛无关呢？更何况高更将塔希提岛视为生命中最后的净土。

诗人顾城的生命之弧亦划过此岛。坐在麦地里，太阳以另外一种方式放牧如金子般的时光。诗人的情感都是脆弱的，他的思绪总与无言走过的农家少女那抿于唇际拂于指端的秀发搅在一起，织成暮霭中最让人惆怅的美丽之幕。月亮浑圆，塔希提岛则如一点碎萍应着声声魔笛，浮浮沉沉……

就这样，塔希提岛从此就意味着一个文明的悖论，一种对庸俗的城市生活的背叛，它是人们对伊甸园，对一切古老、单纯永远的怀念和梦想。

塔希提岛有许多这样筑在海里的高脚房，夜晚听着大海的涛声，让人觉得和大海是如此亲近。

北海道
Hokkaido

静谧的水面，水退去处的绿色浅滩，风中清淡的熏衣草香，北海道是这世上美得最自然朴实，也美得令人心碎的地方。

★名称：北海道
★位置：日本

在日本人的心目中，北海道是一个看得见地平线的，自然、朴实、美丽而寒冷的地方，也是最能找到回归感和亲切感的地方之一。一片静谧的水面，水退去处的绿色浅滩上，一层一层开满了各种美丽的小花，美艳的红色、高贵的紫色、鲜嫩的黄色，当然还有清雅的绿色，没有人工雕琢，却自然连成彩色线条，和谐、优美、令人遐想和向往。

北海道的形状就像一个去了腿的大王蟹，是日本四大岛屿中最北的一个。今天的北海道是大自然的缩写，辽阔的大地、一望无际的大草原、肥美的牧草、干净的空气和水源。吃北海道的食品，意味着安全、无污染和健康。

北海道拥有大片静谧的雪国风光，但不会特别冷，给人以风柔雪软心暖的感觉。

或许，人们对日本电影《幸福的黄手帕》中那个冰天雪地的北海道印象深刻，甚至认定北海道就是那个样子的。其实，北海道一年四季都有它不同寻常的景观，那里四季清爽舒适。春天花草萌芽；夏天花木繁茂；秋天红叶美丽；冬天则是银白色的冰雪大地。

北海道的春天虽然来得比较晚，但是宽阔原野的大片花海却是日本少见的美景，除了春天的樱花外，从春天到秋天都有花儿可供欣赏。广阔的牧野草原上，铃兰如弯弓般的细茎上长满了小小的白色花儿，宛如一颗颗可爱的铃铛，在平取町中可以看到随处摇曳的野生铃兰。颇具北欧风情的札幌，夏季最大的特色是美丽的紫丁香花，到处都是，这种绚丽多彩的自然风光一直会延续到雪季

北海道是一个充满异国风情的地方，这里的湖光山色美得让人忘情，让人流连忘返。

临近之时。

北海道夏季的绿色让人着迷，放眼望去，是止不住的绿色。田地是方方正正的，森林是郁郁葱葱的，汽车沿着高速公路行驶，树林沿着道路伸展蔓延，总之，眼前除了绿色还是绿色。

来自天堂的音乐从一个玻璃质的小八音盒里传出来，令人对这个城市——小樽，北海道一个以制造玻璃器皿闻名的小镇——刮目相看。小樽有一条运河，运河旁有全镇最美的建筑物和许多古雅的路灯，使整个小镇充满浪漫的情调。

冬天的北海道很有欧洲的感觉。虽有雪，却没有凛冽的风，又是胜过欧洲的一种意境。北海道的冬季是一片白色的雪的世界，风是柔柔的，雪是软软的，心是暖暖的，真是乐趣无穷。泡在露天温泉中，头上飘着雪花，忘却人间烦恼，充分放松身心，人与自然融为一体，尽心尽意地诠释着生命存在的真谛。不禁让人想起《情书》中的女主角中山美穗在冰天雪地中眺望远方的山峦，既凄美又浪漫的情景。

北海道由许许多多的美丽拼组成，少看一样都是遗憾。姿态优美的驹山，因其舒缓的轮廓被比喻为小马驹，湖畔的景色让人对北海道美丽的大自然深深感叹。目睹船在千里冰封中穿行，耳听船体冲击流冰的“咣咣”声，流冰相互摩擦的“吱吱”声和相互碰撞的“轰轰”声，其美丽、雄伟和惊险真是难以言表。这时候，才骤然发现北海道的美是不经修饰、赤裸裸地呈现在眼前的。

香格里拉 Shangrila

“太阳最早照耀的地方，是东方的建塘，人间最殊胜的地方，是奶子河畔的香格里拉。”夜色映衬之下，星光环抱之中，一片古朴苍茫之色，传统而现代、古朴而前卫，震撼了众人的心。

★名称：香格里拉
★位置：中国

带着一颗虔诚的心，带着一种顶礼膜拜的崇敬，来到这里。这里，是一片纯净圣域，美得让你倾心，一见钟情；这里，是一方旷古秘境，神奇得让你如梦如幻，如痴如醉；这里，是七色乐土，丰灿得让你五体投地，八拜顶礼；这里，是中国云南迪庆藏族自治州，这里，就是英国作家詹姆斯·希尔顿笔下的世外桃源——香格里拉。

实际上，藏族人中间流传着这样一个故事：有一位年轻人为寻找“香巴拉”而踏遍了千山万水，最后一位修行高僧对他说道：“不必去远处寻找。香巴拉就在你的心中。”源于藏语词汇的“香格里拉”主要来自中甸方言的古藏语读音，意为“心中的日月”，是由藏传佛教经典中那人神共有、人与自然和谐共生的美好境地“香巴拉”一词衍化而来。在当地藏民心目中，“香格里拉”是一种理想的生活境界。那里雪山环绕，森林茂密，人兽相亲；草原被江河分为八瓣莲花的形状；没有战争，没有罪恶，多种宗教并存，人们心境悠游闲放，淳朴而宽厚。

在香格里拉这片宁静的土地上，有清澈的湖水、成群的牛羊和淳朴的康巴人，一切都如人们梦想中的伊甸园。

有人说走进高原，就走进了天堂。记得梁羽生的小说写着这么一句话：下江南方知什么是阴柔，出塞外方知什么是壮阔，上高原方知什么是高洁。高原的天空好像永远是那么蓝，悬浮在冰峰或草甸上的流云永远是那么悠悠地飘着，变幻无极的阳光下，高山草甸悄悄由绿转黄，不时能看到一排排高大的青稞架，马儿三三两两地在泡子边上吃着草，农家养的黑猪在草甸上追逐，有雾的时候，远处的村庄若隐若现，恍若世外桃源。

也有人说拜谒高原，如同拜谒生命。梅里雪山是这片土地最神秘的所在，它在藏族人的心中是一座神山，至今没有人能征服它，许多勇敢者也永远长眠于此。一年四季，云雾都绕在山顶，当地人也极少能够看到云开雾散的一刻，对有幸见到过它真面目的人来说，似乎永远找不到一个合适的词来描述，因为美对于这一刻来说，太单薄了。现在，它那样接近，高大却不让人感受到丝毫压力。它就那么静谧地耸立在前面，仿佛在用清澈的眼睛和我们对视着。美丽的目光以冰和雪的姿态撞击着人的心扉。

弯曲的小河飘落在草原中，是许多人童年时的天堂。

如果说，香格里拉因为有雪山雪原而瑰丽，那么，散落于雪原之间、拥有迷人风光的湖泊草甸，就是香格里拉留住人们的心的“法宝”。碧塔海、蜀都湖、纳帕海……那一泓泓碧水犹如珍珠般镶嵌在迪庆的崇山峻岭之中。湖畔四周，林深树密，傍晚或清晨，微波不兴，湖面如镜，此时，高山临湖，湖映山影，山光水色，融为一体……传说碧塔海边到处是杜鹃花，每年5月杜鹃花盛开的季节，花瓣纷纷飘落于水中，引来游鱼，鱼儿吞食花瓣后，竟然醉而漂浮于水面，醉鱼和杜鹃花就这样形成了湖面的奇特景观。据说林中的老熊也会趁月色来捞食昏醉之鱼，这就是有名的“杜鹃醉鱼”和“老熊捞鱼”。

香格里拉是那样宁静安详，那些雪山、草甸、云彩似乎几百、几千年都没有改变过，就那样静静地绽放着，人们的笑容也是那样的灿烂，尽管偶尔也能嗅到一丝现代商业的味道，但是就这样一个梦也已经让人不愿醒来了。你能做的只是虔诚仰望，细细聆听，用心亲近，这个纯净的圣地。面前的一切让人觉得真正的快乐不是坐拥千金，也不是权倾一世，而是让生命在这圣地里简简单单却也永永远远地延续下去。

大千世界中，每个人都在寻找他内心的香格里拉。

西藏
Tibet

有人说西藏是一种魔力，也有人说如果你没有去过西藏，你就没有真正见过天和云。它让去过的人流连忘返，又让没有造访过的人心驰神往。到了西藏，才知道天堂不是虚无的；到了西藏，才懂得什么是肃穆与圣洁、神圣与执着、祥和与宁静。

★名称：西藏
★位置：中国

我们搜罗一切浪漫的元素，只为了寻找梦中热恋的天堂。只要你来到天堂，心灵就会被漂洗得一尘不染。于是，就有了与天堂的云一样洁净的灵魂。

那儿就是传说中的西藏，是天堂与红尘边缘上的地球第三极，所有的一切都给人以最富诗意的想象与温存。

想用双手拢住秒针分针，想就这样让时光真的停驻，想成为岸上临风的玉立之树，想成为古塔上招展的经幡，想变成寺院里飞翔的白鸽，想化成壁上美艳梵彩的纱丽一袭……清晨云海迷茫，朝阳挑逗似的把山间飞扬的流雾，东拉开一角，西扯碎一面。英姿飒爽的神女珠穆朗玛就这样呈现在世人的面前。它圣洁的神姿、磅礴的气势，令人肃然起敬。与神女对视的瞬间，那震撼心魂的壮丽雄浑就再也挥之不去。只要你见到这位神女，就不会不留下刻骨铭心的感动。走上一处人迹罕至的荒凉之地，如同走进了一个死寂的无生命的世界，是旷古、辽远、寂静、荒凉、恒久的感觉。而这时，你竟然发现石缝里不时露出翠绿的小草，斑斓的野花，它们在寒冷的风中摇摆着。这是一种热烈挣扎的生命，这种生命是凄美的、悲壮的，这种美令人惊心动魄，不可思议。

西藏喇嘛

上天似乎特别眷顾这片土地，

于是他使拉萨成为“阳光之城”。在这没有阴影的家园，所有的路似乎都通向辉煌，所有的祈祷仿佛都不会落空，所有的虔诚都令人相信将有回报，所有美好的预言都将会应验。

很难说，西藏是因为珠峰的高大而伟岸，还是因为温柔的湖水而特别。然而，纳木错神湖好似可以勾起人内心最美丽最坦荡的一面，它给人一个梦想，对人和人的真诚相处、人和自然的和谐共存抱有的最完美的梦想。碧蓝的天空水晶般晶莹剔透，飘浮的云朵如哈达一样洁白祥和。而当云蒸霞蔚时，纳木错湖犹抱琵琶半遮面，只是在烟笼雾影里向人们展示着它动人的风姿。别处的湖不可谓不美，但那种秋色连波、波上寒烟翠的意境，恐怕也只有神湖才能展现出来。弥漫着原生蛮荒气息的纳木错湖，辽阔，宁静，幽邃，神秘。

暮色苍茫，天地混为一片苍黄，使人顿时有置身另一星际的感觉。这时候已经置身于古格王国遗址，虽属人造，却依着土林的本色，与大地混为一体。能到古格的人极少，只要去了，立刻会消失在一种巨大而神秘的苍凉之中，就像走到世界的尽头，就像踏入莫名的梦境。

西藏不只是风景，不只是民俗，不只是一段历史和现在。在这样的地方，人不由得思越时空，渴望永恒。艺术和宗教便是人类试图超越自己、超越生死、超越时间和空间的一种精神结晶。

西藏的一切都那么令人神往，包括那些已经消失了的，或被人们遗忘了几个世纪的废墟和古堡。

[图说天下]

雅典卫城

Acropolis

大金字塔 Great Pyramids

巨石阵 Stonehenge

梵蒂冈 Vatican

罗马竞技场 Colosseum

耶路撒冷 Jerusalem

巴尔米拉

Palmyra

杰拉什 Jerash

巴比伦 Babylon

玛雅 Maya

马丘比丘

Machu Picchu

奇琴伊察 Chichen Itza

佩特拉 Petra

吴哥 Angkor

泰姬陵 Taj Mahal

麦加 Mecca

卡纳克神庙 Temples of Karnak

……

Forever Never Fade

时间的刻度

雅典卫城

Acropolis

雅典的辉煌在古典时代，古典时代最辉煌的物质遗存是雅典卫城。雅典这个古老的城邦建筑遗址雄踞于一座陡峭的岩山上，傲立千载风雨，俯视芸芸众生。

★名称：雅典卫城

★位置：希腊

雅典卫城，这个古老的城邦建筑遗址雄踞于希腊首都雅典市中心一座陡峭的岩山上，傲立千载风雨，俯视芸芸众生。古堡由著名的帕特农神庙、埃雷赫修神庙、雅典娜胜利神庙和卫城山门等古建筑组成，几乎全部用了洁白的大理石材料。因考虑到从山下四周仰望卫城的观赏效果，这些建筑物基本沿周边布置，相互之间既不平行也不对称，而是利用地形使最好的角度朝向观赏者。

公元前8世纪，古希腊伊奥尼亚人建立了奴隶制城邦，选择这座岩山作为都城，可进可退，可攻可守。公元前505年，雅典成了希腊各城邦盟主，建立了奴隶主民主政体，都城的建构日臻完善。约在公元前490年前后的希波战争中，卫城和神庙遭到波斯人的破坏。公元前478年，雅典城邦国开始称霸地中海，希腊文明进入全盛期。公元前447年，人们重建帕特农神庙。

关于卫城，民间流传着一则有趣的故事：当初，雅典建城的时候，海神波塞冬和智慧女神雅典娜争着要当保护神。众神议定，波塞冬和雅典娜可以斗智，谁给人类的东西更加有用，谁就领有这座城市。波塞冬手握三叉戟，重重地插进了山上，顷刻间天地变色，海水翻滚，整个雅典城都在瑟瑟发抖。雅典娜淡淡笑着，挥舞长矛撒下一把种子，高大的橄榄树从地下长出来，枝头挂满累累果实，海水很快平息了。最后，众神决定由雅典娜来守护这座新兴的城市，因为和平比强权更加持

雅典卫城北面的伊瑞克提翁神庙，为希腊建筑家菲狄亚斯等人所建，以其中的女像柱廊闻名于世。

久。从此，这座城市得名“雅典”，人们知恩地在城堡中心建造了一座宏伟的庙宇，来奉祀自己的守护神。这就是举世闻名的“希腊国宝”帕特农神庙，希腊古典建筑艺术的杰出代表作。

雅典娜希冀人间和平，她庇佑着希腊文明走过了黄金时期，引领苏格拉底、柏拉图、亚里士多德、阿基米德、埃斯库罗斯等西方科学文化各领域的先驱走进人类文明的殿堂，自己却无力保护神庙不受战火和异教的侵扰。公元5世纪中叶，神庙被改为基督教堂，雅典娜神像被移去。1458年，土耳其人占领雅典后，将神庙改为清真寺。1687年，威尼斯军队用炮火猛烈轰击驻守在雅典卫城的土耳其军队，一发炮弹击中神庙内的火药库，庙顶和庙墙当即被炸塌，14根圆柱断坍，大火蔓延整个城堡，所有建筑物全部毁坏，空留下成列的破损大理石柱供后人叹息凭吊。1801～1803年，它又遭最后一劫：一英国贵族将大部分存留的雕刻运走了。

现在，人们只能通过不列颠博物馆、罗浮宫等处的散落文物，以及现场的残垣断壁，凭想象拼凑残缺的历史。人类的后悔，总是泛起在痛定思痛之后。谁来面对古希腊人的匠心和雅典娜的美意？

帕特农神庙最令人称道的地方在于它对“黄金分割”的绝妙运用。不仅如此，帕特农神庙还打破了过去希腊神庙正立面6根柱子的传统习惯，大胆地应用了8根多立克柱子，是希腊最大的多立克柱式的庙宇。

大金字塔
Great Pyramids

数千年的屹立，金字塔就像是刺向青天的太阳光芒，它的魅力不仅仅是恐怖的咒语、离奇的猜测、令人惊异的考古发现，更是人们对于它执着的向往与痴迷。

★名称：大金字塔

★位置：埃及

世界古代七大奇迹中的其他6个都已经倾颓消泯，唯有古埃及的金字塔却仍然屹立在尼罗河畔，为远古时代的辉煌留下了伟大的见证。几十个世纪以来，每个见过金字塔的人都为这些建筑的庞大体量所蕴含的宏伟精神所叹服。在吉萨高原壮丽的晚霞下，拿破仑对着他的远征军庄严地说："士兵们，4000年的历史正从这金字塔上看着你们。"

耸立在埃及吉萨高原上、被认为是古埃及第四王朝法老胡夫的陵墓的大金字塔，是现在发现的体积最大的金字塔，也是世界上体量最大的单体建筑之一。它的西南方是体积略小的、被人们称为卡夫拉的金字塔，与其毗连的是高度不及大金字塔一半的一座小金字塔，人们叫它曼卡门金字塔。3座金字塔周围还有3座小金字塔、狮身人面像和一些神殿，它们共同构成了埃及吉萨高原的古建筑群。许多个世纪以来，来到这里的人们都会带着无限崇敬和同样多的疑惑离开这里。从18世纪开始至今，掌握了近现代科技的人们对金字塔的研究和测量所得出的一些数据和探测结果，不但没有解释人们心中的惊疑，反而不断地加深人们的震惊和困惑。

经测定，胡夫大金字塔的选位是在北纬29° 58′ 51″，穿过大金字塔的子午线将地球

吉萨大金字塔造型独特，建筑宏伟，它使每一个来到这里的人着迷。

上大洲、大洋的面积平均分为两半。方向也极为精确，4个底边分别朝向正东、正西、正南、正北，误差不到0.015%，直至今天仍然是地球上方向最为精确的建筑物之一。各底边平均长度为230.35米，最长的底边和最短的底边的误差为0.2米。原高度为146.731米，底边周长为921.5米，大金字塔的倾斜角度非常接近52°，以此倾角向东西南北四方的建筑物，具有最大的稳固性，四面来风都被均匀地分散掉，连特大地震也不会崩解。与之相对应的是，塔内甬道的角度是26°，而在施工上，要处处符合这样的角度，就必须通过三角函数来计算，特别是通向“王室”的甬道长47米，地面宽2.1米，采取悬臂式建筑，上下能够精确地维持26°的角度，这确实是一个奇迹。但在遥远的、人类还没有发明阿拉伯数字的史前时代，如此复杂的计算是怎样完成的呢？

再者，大金字塔由230（一说260）万块巨石砌成，这些石块重达数吨或数十吨，石块与石块之间没有任何黏合物，但这些石块间的契合十分严密，这些大石块是用什么工具，怎样切割、打磨、抛光的呢？在金字塔的外面还覆盖着一层磨光的石板，约有11.5万块，后来，这些石板被拆下来作为

古代埃及人相信，日落的尼罗河西岸是超度亡灵的西方彼岸世界，而统治者穷全国之财力想通过金字塔在死后进入天国。

重建开罗的石料，现在，卡夫拉金字塔顶部还残留有一些这样的石板。

另外，还有一个令人困惑的情况是，不论是在大金字塔内的甬道、回廊，还是在“王室”“后室”等地方，都没有任何使用过火炬或其他照明工具的痕迹，那么深的情况下，自然光线应当是无法进入的，那么，在金字塔内部是如何施工的呢？

在大金字塔的建造中，还有着其他许多令人难以置信和被认为不可能的事情。有学者指出，即使在现在的条件下，想要仿造一座金字塔也并不十分有把握，那么，它肯定是用一种现在的人类尚不知晓的技术建造的吧？

长期以来，人们一直认为金字塔是埃及法老们的陵寝，这种看法根源于公元前5世纪希腊历史学家希罗多德在其著作《历史》中的说法。实际上，希罗多德的叙述也是道听途说，所以，在文中他谨慎地用了“据说”二字，但不知为什么，后人却以之为信史。而且，在这部著作中对“据说”做的记录并不少，比如希罗多德谈到为了给工程筹集资金，胡夫甚至派他的女儿到公共妓院以及位于大金字塔旁边的3座小金字塔中的中间一座去出卖肉体，“据说是这位公主要求每一位男人‘送一块石头做礼物’建造起来的”等，当然，我们也不能确定这位历史学家的说法是不是臆测。那么，金字塔到底是不是法老们的陵寝呢？

人们在不停地、兴致勃勃地研究或者猜测。有人认为，金字塔是古埃及人崇拜太阳神的宗教性建筑，有人认为是外星人留在地球上的联络标志。更有人认为，这是远古另一个高度发达的文明留下的遗产。还有一种猜测性的看法就是，也许这就是法老的陵墓，只不过可能法老的棺椁埋在深深的地下，尚未被发掘到。在众多的观点中，比利时天文学家罗伯·波法尔等认为，这些金字塔是法老们在去世或登基时，用来演绎远古神话中的法老俄西里斯经由猎户星座到达永生之地、成为冥界之王的仪式性建筑。这种说法的根据是，吉萨高原上3座金字塔坐落的位置，与公元前10450年猎户星座三星的排列方式完全一样，而大金字塔王殿南侧的通气孔则对着公元前2450年的猎户星座。据此，这些学者认为，虽然大金字塔完成于公元前2450年，但整个吉萨高原的古代建筑群的整体设计，很可能在公元前10450年便已经完成。如果这一说法成立，那么，也就有可能解决狮身人面像的雕凿时间等一些疑难问题了。

斯芬克斯狮身人面雕像的两爪之间有一块长方形的花岗岩石碑，为埃及第十八王朝的一位法老所立，上面的内容描述了他为狮身怪兽清除沙堆的事迹。

巨石阵

Stonehenge

巨大的条形石，在一望无际的平原上投下它们神秘的影子，无言地面对着人们一次又一次的发问。19世纪时的英国著名首相格莱斯顿曾说：“这座崇高的、令人敬畏的古迹，它诉说着很多，同时又告诉人们，它隐藏着更多。”

★名称：巨石阵
★位置：英国
★别名：斯通亨奇

在雄伟的阿尔卑斯山北麓，到处散落着一种由石头构成的圆圈形建筑物的遗迹，巨大的石块壁面有几何线条的装饰图案。这种艺术被称为巨石文化，是人类史前文化类型之一，在世界许多地方都有分布。

英格兰岛现存多处巨石遗址，最著名的当数伦敦附近索利兹伯里平原上的“巨石阵”——音译即“斯通亨奇”，其他的只能称为石圈。

巨石阵由巨大青石柱构筑的石圈组成，以中心的石祭台为圆心，在等距离的直立巨石上，搁上同样巨大的石头横梁，3圈直立的石块构成的圆圈排列成一个同心圆。现在，大大小小剩下的巨石约有38块，环形石柱群直径32米，单石高6米，重30～50吨。在外围还有一圈壕沟，里面撒了白色的土；壕沟与立石圆圈之间，放置着一些零零散散的石块，摆放的位置明显经过精心计算。

巨石阵的修建最早可追溯到公元前3100年，那是人类的新石器时代。石块产自威尔士南部的皮利斯里山，那儿距离石阵有385千米。研究显示，这些巨大的石块是在冰河时期借由冰河运送至此的，经过数千年的风吹雨打，表面已产生了许多形状不规则的凹洞。

现在，已经找不到任何关于巨石阵的古代文字记载，人们只好用丰富的想象力来填充空白的历史书卷。它究竟是一个举行宗教仪式和葬礼的中心，还是一个预测重要天文现象的观象台，又或者是外星人的杰作？几百年来，不断有学者对巨石阵的来源做出阐释，得出的结论却各异。

在距离巨石阵入口30米处，有一块被称为“席尔”的石头单独立在地上，如果从环状沟向这块石头望去，刚好是夏至当天太阳升起的位置。每当日落时分，在岩石和周围的地面上都会产生一些不同寻常的影子，组成各个同心圆的拱门全部都朝向太阳或特定的星座，因此，有学者认为，巨石阵应该是古代民族用来记录日月星辰运行的天文观象台。1963年，波士顿大学天文学教授霍金斯提出了更惊人的理论，他认为，巨石阵事实上是一部可以预测及计算太阳和月亮轨道的古代计算机！这个论断一时引起了极大的震撼并遭到了批评，但是，更多研究者的发现，还在不断验证着这种推测的正确性。

无论如何，我们已经无法准确解读先民修建巨石阵的真实用意，不仅修建者的容颜躯体已随风消散，就连坚硬的巨石也不复当年模样，后人们回望时的视线无可奈何地模糊了。我们只好在太阳升起或落下的时刻，透过巨石之间的缝隙，静静感慨人间的沧桑巨变。

久远的时光使巨石愈加神秘。在英国人的心目中，这里也是个神圣的所在。修建这些巨石的用意现在已经无法确知，但和宗教仪式有关应该是可以确认的。

梵蒂冈
Vatican

“我要把天国的钥匙给你，凡你在地上所捆绑的，在天上也要捆绑；凡你在地上所释放的，在天上也要释放。”这个全世界最小的国家，是全世界天主教徒的精神中心。宗教的影响使得梵蒂冈弥散着一种圣洁、凝重却又神秘的美。

★名称：梵蒂冈
★位置：梵蒂冈（意大利罗马市内）

梵蒂冈恐怕是当今世界上最特殊的国家：既是天主教教皇的领地，又拥有独立主权。历史上，教皇国疆域屡有变迁，国家数次亡兴。1929年，墨索里尼同教皇签订《拉特兰条约》，教皇始建梵蒂冈城国。

位于罗马城西北角的梵蒂冈，属世界最著名的历史文化名城之一，城内集中着一批举世无双的艺术珍品和建筑杰作。城区大致呈三角形，东西长1045米，南北宽805米。作为国界的列昂四世城墙建于公元847～855年。城中心就是全世界最大的天主教堂圣彼得教堂。教堂前，圣彼得广场的椭圆形双柱廊建于1657～1667年，出自巴洛克艺术大师贝尔尼尼之手。1475年创建的图书馆，收藏着大量珍贵的早期手抄本和古版本；建于公元5世纪末期的博物馆，是世界上最古老的博物馆。博物馆里的西斯廷教堂内，迄今仍可见到意大利文艺复兴时期伟大的艺术家米开朗基罗的《创世纪》和《末日的审判》两幅壁画。

梵蒂冈的标志性建筑物当推圣彼得大教堂。它不仅是世界上最宏大最壮丽的天主教堂，也是意大利文艺复兴和巴洛克艺术的殿堂。大教堂因建在耶稣最得意的门徒圣彼得的墓地上而得名。公元3世纪初，君士坦丁大帝率先为圣彼得正式兴建教堂。新教堂于1450年开始兴建，历经几个世纪的改建、重建，先后由米开朗基罗、勃拉芒特、拉斐尔、桑加洛和贝尔尼尼等不朽的艺术大师亲自主持。

大教堂总面积为2.2万平方米，长200米，最宽处130多米。其穹形大圆屋顶直径达42.34米，为米开朗基罗72岁高龄时的杰作，连今天最了不起的建筑大师也自叹弗如。从地面到大圆顶顶尖十字架的高度达137米，迄今仍是罗马的最高建筑。中央大厅地面均用名贵的斑岩铺就，光滑明亮，花纹别致；天花板上装饰得金碧辉煌，极为精致华美。祭坛前面的地窖里，安葬着圣彼得的遗骨。陵墓前的杆上点着99盏长明灯，彻夜不熄。

教堂上下无处不闪烁着时间的幽光和艺术的匠心，多少年来，有多少人惊叹过它的神圣、庄严和辉煌。教堂门庭出自马德尔诺大师之手；长廊天花板镶着文艺复兴时期著名大画家乔托描绘圣彼得遭遇风浪的镶石画《小帆》；教堂中间一扇大门上，雕有耶稣、圣彼得、圣保罗以及古希腊和古罗马神话故事；大教堂平面呈“十”字形，“十”字交叉处为整个教堂的中心——教皇坛，坛上的金色华盖内雕着一只展翅飞翔的金鸽，正由天而降，光芒四射，象征着它给人间带来了福音。典型的巴洛克式装饰性建筑华盖，是建筑大师贝尔尼尼耗费了9年心血才建成的。大教堂的“镇堂之宝”则首推米开朗基罗的大理石雕《哀悼基督》。

世界各地的人们络绎不绝来到这里，有的为朝圣，有的为游玩。无论目的何在，当仰望米氏大圆顶，当登上教堂屋顶平台俯视梵蒂冈，人们肯定会忘了世间的烦恼与尘嚣，心底涌流的只会是震惊，是感动，是神圣。

圣彼得广场中央矗立着一座高插云霄的方尖石碑，碑尖上是钉死耶稣的十字架造型。此碑来自埃及，却闪耀着罗马的光辉和尊严。

罗马竞技场

Colosseum

吉本在他的《罗马帝国的衰亡》中写道：“在图拉真、哈德里安和奥里利厄斯的统治下，罗马帝国拥有地球上最美、最文明的土地。”罗马竞技场曾经接待过千万痴迷若狂的观众，如今却只余断壁残垣。然而，即使在废墟中，大量罗马建筑的遗迹仍能激起人们无限感动和震撼。至今，大角斗场内仍回荡着激情、狂热的掌声和高叫。

★名称：罗马竞技场
★位置：意大利
★别名：科洛西莫角斗场、弗拉维尤斯圆形剧场

古罗马的美，溢满激情，但同时也充满暴力、毁灭、破坏。古希腊人细腻完美的文化，挡不住年轻有力、善于作战的罗马人，所以，暴力压倒了思想。而后来罗马也文雅起来了，却又被更加暴力的北方部族打倒。可是古罗马的灵魂仍然不灭。

当宏伟的古罗马竞技场再现于银幕之上，所有人都不由自主地怦然心动。有关勇气与复仇的故事任何时候都是不灭的话题，即使历史总在不断地更换着故事的主角。

古罗马是用来骄傲的，甚至古罗马的残忍也是用来骄傲的。罗马竞技场是一个上演世界上最残酷凶狠戏剧的舞台，它炫耀着曾经的刀光血影、虎啸狮吼。这是专为观看死亡而建造的一座建筑，在人类血腥的历史上，没有任何建筑可以与它相提并论。

罗马竞技场以另一种悲壮震撼着人们。即使在想象中，

罗马竞技场椭圆形的外表显得如此雄壮，它已在罗马城屹立了近2000年。

都会为它的气势激动。当凭一具血肉之躯孤零零地站在那里时，感到的是说不尽的血腥和弱小，没有丝毫挺胸昂首、仗剑四顾的强悍之感。四周错落围绕的看台，如铁桶般挡住大部分阳光，要昂头才可以看全，而人便被困在这里，为一线生机浴血奋战。脚下，是纵横交错数不清的沟堑或通道，高高低低，紧闭的铁门后面，是低吼嗜血的野兽，或者是绝望中等待拼死一搏的奴隶。

每到傍晚，在西斜的落日和橘红灯光的衬托下，依然可以看到它昔日的宏伟与壮观。夕阳在竞技场的平台上涂上一层猩红色的血光，不禁让人想起曾经从日出直到日落的人兽格斗，杀得天昏地暗，血流成河。

身临罗马，感受着那古典气氛，抚摸着岁月痕迹，可以感叹达·芬奇的博大精深，着迷于拉斐尔的秀美典雅，激动于但丁的深邃凝重，沉溺于提香的独特金色，当然，还有大角斗场的血雨腥风……

据说在公元80年完工时，这里曾连续100天举行人与5000只各种野兽的生死搏斗。直到今天，似乎还可以听见里面回荡的猛兽的吼叫和观众的呼喊。

耶路撒冷
Jerusalem

耶路撒冷是信仰之都，这里承载着数不清的痛苦与欢乐。这个千年古都在纷争与战火中走过了它不平凡的历程。无论悲与喜，得与失，这里永远是漂泊的灵魂们心目中最神圣的寓所。

★名称：耶路撒冷
★位置：西亚

在耶路撒冷，神无处不在。

犹太教说，这是古代犹太王国的首都，也是他们的宗教圣殿所在；基督教说，这是耶稣诞生、传教、牺牲、复活的地方，当然是无可替代的圣地；伊斯兰教说，这是穆罕默德登天聆听真主安拉祝福和启示的圣城，因此有世界上第一等的清真寺。

所以，耶路撒冷永远是人类这几大宗教的共同摇篮，神圣不可磨灭。

世界上没有一座城市如耶路撒冷那样遭受到过那么多次的灾难。它曾在战争中毁灭过18次，即便已经成了废墟，毁城者还要用犁再铲一遍，不留任何让人怀念的痕迹。但它又一次次地重建，终于又成了世界上被投注信仰最多的城市。

所以，人们说：

“上帝给了世界十分美丽，九分给了耶路撒冷，剩下的一分给了世界上的其他地方；上帝给了世界十分哀愁，九分给了耶路撒冷，剩下的一分给了世界上的其他人。”

所以，耶路撒冷也永远是世界上最古老、最独特的美丽都城。

有人说，是此起彼伏的教堂钟声唤醒了沉睡中的耶路撒冷，有人说是阿克萨清真寺望月楼上传来的阿訇召唤声，给耶路撒冷带来了光明，也有人说哭墙前犹太教徒的祈祷声才真正开始了耶路撒冷的一

虽然历史上屡遭破坏，但是重建后的阿克萨清真寺依然神圣而不可侵犯。

耶路撒冷在人类的相互倾轧残杀中走过了数十个世纪的不平凡历程，时至今日，和平对人们来说依然渺茫，然而，虔诚的灵魂依然不变地将这里当作自己的最终归宿。

天。然而，在耶路撒冷，最能体会到的是那种历史扑面而来的感觉。诸多保留于几个世纪前的建筑，以及人们的衣着和行为风尚，几乎使人怀疑时间是否就此驻足不动了。于是，人们似乎也和时间一同睡去，再也不管是什么驱走了黑夜带来了黎明。

无论是人创造了神，还是神在支配着人，人终究都是需要信仰的。虽然圣殿已随风而逝，但圣殿遗留下的一段50多米长的护墙却成为三大宗教信徒祈祷的地方。就如同一份真爱，不会随时间的推移、容颜的老去而改变。在这里，虔诚散发着人性最善良的光芒，但愿上天可以听得到、看得见，能满足人们的心愿。

耶路撒冷于黄昏时所散发出的黄金色泽光照全市，明亮而美丽，终于凝结成以色列诗人泽尔达特笔下的“田野中的新娘”，也终于成就了“金顶”，成就了“神之光”。

无论如何，再没有什么地方会像耶路撒冷一样能够令人陷入深思。

巴尔米拉
Palmyra

巴尔米拉的废墟是伟大的，它交融了东西方的艺术智慧，凝聚了古人对神灵的信仰与崇拜。宫殿，神庙，陵墓，在这里成为一个有机整体，天地人神在这里融会贯通。这里，是人类精神的归宿。

★名称：巴尔米拉
★位置：叙利亚

绿洲，对荒无人烟的沙漠而言，就意味着水源和生命。在西亚，有一座不为世人所熟悉的巴尔米拉古城，它位于地中海东岸和幼发拉底河之间沙漠边缘的一块绿洲上，就是现在叙利亚的中部、大马士革东北257千米处的地方。

“巴尔米拉”为古城名，阿拉伯人称之为“台德木尔”。早在公元前19世纪的一些古朴泥板上，就有有关巴尔米拉的描述。公元前2世纪至公元前1世纪，罗马与波斯发生战争，西亚地区动荡不安，巴尔米拉人乘机占领叙利亚，从而垄断了西亚商道。横贯欧亚的丝绸之路从这里经过，使它成为连接波斯湾、地中海与东西方各国的贸易中心。来往的商人在市内穿梭，将中国的丝绸、服饰和阿拉伯的香料运往西方，同时，西方的玻璃器皿、紫荆也由此运往东方，这种繁荣一直持续了140年。

巴尔米拉是叙利亚沙漠上的一片绿洲，是古代最重要的文化中心之一，保存了作为大都市的许多纪念性建筑，凯旋门则是对战功的彰显和铭记。不过，如今的凯旋门如此破败，也许是当时的建造者没有想到的。

在巴尔米拉历史上，曾经出现过一位杰出的女王芝诺比亚。芝诺比亚本为伍得奈斯国王的王后。伍得奈斯帮助罗马人战胜波斯，立下赫赫战功，受封为罗马东方军区长官。“狡兔死，走狗烹”，公元266年，伍得奈斯被罗马人毒死。当时，其子年纪尚小，芝诺比亚代幼子摄政，自封为“东方女王”，起兵反抗罗马帝国。她的军队一直打到了拜占庭对面的卡尔西顿城，攻占了东罗马帝国的陪都亚历山大。她的次子自封为埃及王，重新铸造钱币，并且拒绝在钱币上使用罗马皇帝奥里力安的头像。

可惜盛景不长，奥里力安大举反击，在安提俄克和希姆斯两次获得大胜，并于公元272年春天攻入巴尔米拉。芝诺比亚回天乏力，只好弃城逃亡，遁至茫茫的沙漠，不幸被俘。奥里力安将芝诺比亚当作战利品带回了罗马，强迫她在凯旋仪式上戴着金镣铐游街示众。受尽屈辱的芝诺比亚被囚禁起来，最终死于监牢。巴尔米拉城遭此重创，再也无力复原，一代名城就此衰落。随同湮灭的，还有古老的巴尔米拉文字。后世得知巴尔米拉，缘起于1500余年之后的一次考古发掘。

逝者如斯，又是200余年过去了。今天，在巴尔米拉遗址内，我们可以看到柱廊、石刻凯旋门、太阳城大殿、王宫、雕像和贝勒神庙等古代建筑遗迹。雄伟的贝勒神庙坐落在古城的南部，始建于公元32年。在主殿前面设有供祭祀用的神坛，它是世界上唯一一处不是居于正中位置的祭台。殿内还保存有大量的浮雕，刻画了神以及众多门徒的形象。城内的巴尔米拉大街建于公元2世纪哈德良皇帝统治时期，以方石铺就，全长1600多米，两旁耸立着高大的石柱，形成壮观的柱廊。据说所使用的石料全部从埃及的阿斯旺运来。石柱上托着青石水槽，这就是著名的天廊水道。

从那些混合着叙利亚、阿拉伯、希腊、罗马等各式风格的建筑上，人们可以想见，当时东西方的文化交流是何等繁盛。然而，今天的巴尔米拉，只剩下残垣断壁在萧瑟的风中无语伫立，引发人们对历史的无限幽思。

巴尔米拉城遗址上的柱廊建于公元2世纪哈德良皇帝统治时期，全长1600多米。巴尔米拉处于公元1世纪至公元2世纪几种文化的交汇处，所以它的艺术和建筑能够把古希腊、古罗马的技艺与本地的传统及波斯的影响巧妙地融合在一起。

杰拉什

Jerash

也许是上帝格外青睐这片土地的缘故，中东总是有着让人难以割舍的各种文明奇迹。在那块玫瑰色的土地上，总有激动人心的场景令人流连忘返。坐落在吉利亚德山群峰谷地间的，是古罗马城市杰拉什的遗址。昔日，这里曾是东西方贸易的枢纽，如今，那些雄伟的建筑依然让人浮想联翩，去感受其往日的繁华。

★名称：杰拉什
★位置：约旦

素有“中东庞贝”之称的杰拉什古城遗址位于约旦首都安曼以北48千米处，在吉利亚德山群峰环抱之中。这是一座深受古希腊、古罗马文化影响的城市，是如今中东地区保存最完整的古罗马省城。

早在铜器时代中后期，这里就诞生了绚丽的文明，一直延续到公元前900年的铁器时代初期。

随着当地居民向南迁徙，杰拉什首次衰落；公元前332年，亚历山大大帝到来，杰拉什再度兴旺起来；公元前63年，罗马大将庞培的军队占领了杰拉什，一个世纪后，杰拉

杰拉什的扇形剧场像一把展开的巨扇，令人联想到当年演出的盛况。

林立的巨大石柱群如同天工所造，其威严雄壮的气势使人感到自身的渺小。

什按照罗马建筑的风格发展起来，不久归属罗马帝国的阿拉伯省；公元332年，拜占庭帝国兴起，定基督教为国教，杰拉什原有的神殿、庙堂被改为基督教堂。

直到公元614年波斯人入侵，繁荣才中断；公元661年，伍麦叶王朝建立，杰拉什成为连接首都大马士革、麦加、麦地那通商、朝圣的必经之地，利润与关税使城市繁荣起来。公元8世纪中叶，杰拉什丧失了中心地位，经济倒退，又接连遭受几次强烈地震的袭击，主要建筑和设施倒塌。9世纪时，千古名城杰拉什已经被沙土覆盖于地下。

1806年，德国旅行家欧里赫·贾斯比尔发现了古城杰拉什。不断的考古发掘，使沉睡了近千年的古城得以重见天日。

古城中央阿特米神殿遗址上林立的擎天巨柱，每根直径都在2米左右，高度约20米。这些擎天巨柱不仅是杰拉什古城的鲜明标志，也可以算是人文奇观了。

在杰拉什城断壁残垣之中，有时还会看到一种植物，它只开一朵花，但这朵花却红得非常诡异，其色泽之娇艳和生命力之顽强，让人顿生出“今夕何夕、此身何处”的感慨来。

巴比伦 Babylon

回望巴比伦，就是回望人类古老文明的足迹。那片沙土下跳动的，是一个王朝的荣耀。当风呼啸而过，扬起的，是人类早期播下的文明的种子，在漫漫历史长河中萌发。

★名称：巴比伦
★位置：伊拉克

“巴比伦啊，我视你如生命……

我愿尽我之力，使你成为空前绝后、无比繁华、无比昌盛的伟大之城，

你将接受万国的进贡，全人类的膜拜……”

这是尼布甲尼撒二世对古巴比伦的赞美。

从巴格达出发，过底格里斯河，即进入两河流域最富庶的地区。这里是阿拉伯人所谓的“肥沃的新月”的腹地，著名的巴比伦城就在希拉市北不远的幼发拉底河畔。

如果说巴比伦不仅土地是肥美的，其古代文明更是具有难以比拟的繁华，大概不会有人反对。生活在这片土地上的苏美尔人，最先用文字记录思想，最先把一天分为24小时，发明了最早的文字体系——楔形文字，这里也是《一千零一夜》传奇故事的发源地。在新巴比伦王国时期，巴比伦是古代两河流域最壮丽、最繁华的都城。巴比伦古城有内外两道城墙，城里最壮观的建筑物就是尼布甲尼撒王宫和被人们称为“世界七大奇迹”之一的“空中花园”，以及那座据说让上帝感到又惊又怒的巴别通天塔。

人们无数次听说过古巴比伦的“空中花园”，想象它悬在空中的样子一定很美、很神奇。相传，它是尼布甲尼撒二世送给他的米底亚妃子安美依迪丝公主的礼物，使原本得了思乡病的王妃一扫病容。而生性残暴的尼布甲尼撒二世也在这里展现了温柔的一面，给后人留下了一个动人的爱情故事。更传说尼布甲尼撒的妃子、空中花园的主人安美依迪丝

最终化为鸽子，飞天而去。这给空中花园又增加了些神秘、阴柔的气息。

很难说现在的人们追寻空中花园，是为了缅怀那神奇的爱的力量——这力量不仅可以让一个暴戾的君王成为一个温柔的夫君，甚至还可以在半空中悬起一个神话般的花园——还是为了感伤那化为鸽子的美丽主人安美依迪丝。

让我们想象一下这个梯形花园，上面栽满奇花异草，下面流水潺潺，园中还有许多幽静的山间小道。甚至在花园中央还有一座城楼矗立在空中。公元前3世纪的菲罗曾记述道："园中种满树木，无异山中之国，其中某些部分层层叠长，有如剧院一般，栽种密集、枝叶扶疏，几乎树树相触，给人以舒适的遮阴之所，泉水由高高的喷泉涌出，先渗入地面，然后再扭曲旋转喷发，通过水管冲刷旋流，充沛的水气滋润树根，土壤永远保持湿润。"整个花园飞瀑流泉、花木葱茏、小径曲折、建筑辉煌，好像是梦里突然出现的空中天堂。当年到巴比伦城朝拜、经商或旅游的人们老远就可以看到空中城楼上的金色屋顶在阳光下熠熠生辉，它成了巴比伦城的标志。

如今，这座"触怒上帝的城市"遭受到了惩罚，它随着战争和黄沙正一点儿一点儿香消玉殒。千年的古城在夜幕中瑟瑟而立。路上空无一人，高楼的灯光也黯淡无色，懒散而有些麻木地轻晃着。新的一天来临之前，空气竟如此的凝固，似乎晨曦也无法将它融化。

巴比伦只会有一个，永远。

巴比伦留给人们的是无尽的想象和憧憬，如今，只有高高的"女神门"上的浮雕还在向人们诉说着它曾经的辉煌。

玛雅
Maya

玛雅文明给世人带来了无尽的想象和追索。它像一个许久之前的美梦，穿越时空进入我们心里。梦虽已做完，却会因为我们各自的幻想而长久地延续下去、丰富下去。

★名称：玛雅
★位置：中美洲

人类假如想要看到自己的渺小，无须仰望繁星闪烁的苍穹，只要看一看在我们之前就存在过、繁荣过，而且已经灭亡了的古代文化就足够了。

——西拉姆

一切属于遥远的过去的遗存，听上去无疑都有些罗曼蒂克。于是，古老的玛雅文明就特别地令人销魂着魔。

1502年的某一天，在大西洋平静的波涛中，哥伦布率领的西班牙远征队正沿着洪都拉斯湾进行第四次探险航行，一艘印第安人的巨大木舟与他们不期而遇。印第安水手指着远方水雾迷茫的绿色海岸线，说出了那个令后世的人们再也无法忘记的名字——玛雅。500多年过去了，人们对于玛雅虽然不再陌生，但笼罩在它身上的雾霭却并未消散。

位于墨西哥境内的奇琴伊察遗址，武士神庙的入口两侧林立着高大的羽蛇形石柱，一石刻武士半躺在石板路上，腹部放着一只圆盘，这只圆盘很可能是在举行人祭的时候用来存放人的心脏的。

在中美洲一片茂密的丛林中，笼罩着史前就曾繁华灿烂的玛雅城，高耸的金字塔，生动如画般的象形文字，精准的天文历法，迷狂的宗教……玛雅文明是一个相当发达的文明，享有“美洲的希腊”之称。然而，它却不见了，如同一个谜。它的种种秘密都深隐在神秘莫测的热带丛林之中。在玛雅地区，至今尚有大量未被发现的古代城市，当某一天偶然遇见这样的城市建筑群落之时，人们定会产生惊讶、奇妙的观感，耳边随之响起玛雅文化的发现者斯蒂芬斯的名言——“每一个终点就是一个起点，当玛雅人神秘消失的时候，这个奇特的玛雅却在后人心中刻下烙印。”

难以描述，玛雅文明给世人带来了怎样的震惊！当代人是骄傲的，但在玛雅面前，不得不放弃矜持，面露愧色和惊奇。玛雅人依照人的头骨所雕成的水晶头骨，不仅展现了成熟的解剖学与光学技术，甚至其利用的某种碰撞技术，现代科技仍未掌握。现代人引以为傲的工艺技术跟这些水晶头颅骨比起来，真是黯然失色。

我们不再说仅消失了400年的玛雅的金字塔，不再说玛雅的天文台。面对着众多神秘的未知，我们叩问丛林，玛雅人去向了何方？玛雅给世界留下了一个谜面，却没有谜底。考古界曾经提出无数的解释，例如：过度使用土地、宗教斗争、气候剧变、疾病、虫祸、社会暴变、外敌入侵……但最终，并没有一个令人信服的原因能解释玛雅文明的“突然灭亡”。

或许，这是一个指引？冥冥之中，从天而降的玛雅文明在最为辉煌繁盛之时戛然而止，只是为了提醒世人未来的发展，或者是要督促我们不要停下追寻的脚步吗？

城市也许可以无数次地被毁坏，甚至消失，但随城市文明而生成的语言、艺术和伟大的思想则永远不会消失。它们也是建筑，而且是人类更高意义上的建筑。

库库尔甘在玛雅语中意为带羽毛的蛇神，即羽蛇神，库库尔甘金字塔即用来祭祀羽蛇神的神庙，其名亦由此而得。它还是一座观象台，用来观测太阳、月亮和金星等的运行。

马丘比丘
Machu Picchu

在南美的一些地区，人们认为神圣力量可以跨越时空，无所不在。人们因此建造各种纪念物以接近神圣力量。秘鲁的印加马丘比丘圣城遗迹就是南美洲最具神秘色彩的古迹之一。

★名称：马丘比丘
★位置：秘鲁

经济利益的驱动使文化遗迹的保护和旅游开发之间的矛盾日益尖锐。历史越厚重、底蕴越神秘的名胜，遭受的骚扰似乎越要严重。早在1983年就被列入《世界遗产名录》的、深藏在秘鲁南部安第斯山脉密林深处的马丘比丘，现在每年不得不接待40万人次以上的游人。联合国教科文组织发表了一份关于秘鲁旅游政策的建议，然而，秘鲁旅游当局却对马丘比丘的现状表示满意，竟拒绝了教科文组织的建议。

也许秘鲁当局有自己的无奈，毕竟，太多的人将马丘比丘作为一生必去的若干个地方之一。

马丘比丘是被印加帝国于16世纪遗弃的古城，是著名的印加古文明的象征。直到1911年，美国地理和历史学家海拉姆·宾汉姆才偶然发现了这处古迹。因无法得知其原始的名字，故当时借其附近一座山名“马丘比丘”来命名。虽然在悠悠岁月中，古城遗址已被森林覆盖，满目疮痍，但它的巨石建筑结构基本没有遭到毁坏，令发现者惊叹不已。

马丘比丘城的周围有许多沿山坡用石头建造的“大台阶”——梯田，印加人就在这里种植粮食作物。

15世纪上半叶，印加建立了统一的帝国。1532年，西班牙人开始对其进行殖民统治和疯狂劫掠，并带来了欧洲的疾病，古老的印加文明被逼到灭绝的境地。但由于马丘比丘为海拔2000余米的热带丛林所包围，无路可入，它居然没被发现，从而免于劫难。

遗址的东、北、西三面紧挨山崖

峭壁，南侧筑有两道石墙围护。从发掘情形看，这里处处是花园、通道、宏伟的建筑与宫殿，还有玉米、土豆和其他蔬菜种植的痕迹。马丘比丘古庙可能是印加帝国全盛时期最辉煌的城市建筑，那巨大的城墙、整齐的台阶、漂亮的扶手都好像是在悬崖绝壁自然形成的一样。

建筑全部用巨大的花岗岩石块砌筑，却又不使用砂浆。各种不同形状的石块，如此巧妙而又精确地相互拼合起来，使人难以觉察到石块间的接缝，看上去，它好像本身只是一大块石头。印加人没有铁质工具，没有用来进行切割与运输整块巨石的实用工具，却建造出了如此绝妙的石头建筑，真是太不可思议了。人们相信，要么是印加民族的智慧超越了今人，要么是外星人曾经光临。

位于安第斯山脉海拔2458米高处悬崖峭壁上的马丘比丘城为云雾所笼罩，城中建筑皆用石头所砌，从结构上来说并不适合人类居住。

它又是缘何而建的呢？比较可信的说法是，这里原来居住着一个崇拜太阳并有着神秘宗教仪式的民族。从城内挖掘出的头骨，能推断其女性人数与男性人数的比例为10∶1，他们都神秘集中在一个名为“拴住太阳的地方”的建筑上。这似乎是个复杂的天文装置，用来计算一些重要的日期，如夏至、冬至等。在太阳塔上，似曾有过对太阳系的观察与研究。那个塔是个马蹄形的建筑，朝东的一扇窗子很特殊，它在冬至那一天，可以抓住太阳的光线，每值夏至或冬至日，印加人便在此举行太阳节庆典活动。

马丘比丘的未解之谜一个接一个：古城建成的确切时代是什么？是如何湮灭的？为何每具男性残骸周围呈辐射状埋葬10具女性残骸？遗址石壁上的奇怪符号的意思是什么？

这些深藏历史中的谜，到什么时候，又有谁能解开？

奇琴伊察

Chichen Itza

在进入21世纪人们视野的人类古文明中，奇琴伊察迄今仍然披着神秘的面纱。

★名称：奇琴伊察
★位置：墨西哥

玛雅文化最重要的历史遗存、1988年被联合国列入《世界遗产名录》的奇琴伊察遗址，位于墨西哥南端尤卡坦半岛。法国著名的玛雅史学家雅克·苏斯坦尔认为，“奇琴伊察”就是“伊察人之井边”的意思。公元987年，一位喜欢以带有彩咬鹃鸟羽毛的蛇作为象征的玛雅人首领率领着伊察人（即玛雅人）来到了尤卡坦半岛，建立了玛雅新王朝，定都奇琴伊察。玛雅人融合了土著印第安人的托尔德加文化，崇拜“羽蛇神”和雨神。在其残存的建筑物上，至今还可以见到许多刻有“羽蛇”或“人—鸟—蛇”的形象。

奇琴伊察城中心最显要的建筑物就是卡斯蒂洛羽蛇神金字塔。据说，人们在这里可以看到“羽蛇神”显身的奇景。金字塔上雕有一个羽蛇神头像，而蛇身则隐在金字塔的阶梯断面内。在春分、秋分之日，夕阳西下之时，从某个特定的角度望去，就会看到夕阳的余晖正好射在蛇神的头后，形成波浪形的长条，犹如徐徐游动的蛇身。金字塔台庙建于10世纪左右，台基每边长55.50米，高29米，共9层，向上逐层缩小，上有高6米的方形台庙。塔身四面有台阶通向塔顶，一共有365级——这正是玛雅太阳历中一年的天数。

金字塔台庙右下方有一不规则的方形广场，占地2万平方米，四周排列着1000根圆柱，被称为“千柱厅”，建于11～12世纪的鼎盛时期，但其用途不得而知。

在奇琴伊察城西北，有一座长175米，宽74米的球场。环绕球场基座的墙面上，刻有与球戏有关的仪式及球戏进行过程的场面。其中，有一个场面刻的是一位球员被砍头。球场东侧，有一个长60米、宽15米的平台建筑，侧壁上刻满骷

骸。也许，比赛是一种带宗教色彩的仪式，输的一方要掉脑袋！

在这块只有季风才能带来雨水的干旱土地上，建筑物都是围绕着一口口巨大的水井向外扩展。“羽蛇”城里有两口直径60米的天然大水井。玛雅人把其中的一口作为饮水和灌溉农田之用，而把另一口奉为“圣井”，用来祭祀雨神。井里发现了许多人的骨骸，这些也许就是当年向雨神进献的全族最美丽的少女们。

少女们充当牺牲时是恐惧无奈，还是面带幸福的微笑？在那真正生死对决的球赛中，看客们是否也会发出古罗马奴隶主一样的喝彩？羽蛇是不是就像东方的龙一样的动物？

到了16世纪，西班牙殖民军占领了奇琴伊察，奇琴伊察随同灿烂了1000余年的玛雅文明日渐萧条，最终被荒野丛林所吞没。世事的无常，历史的奥义，让人扼腕，让人思量。

奇琴伊察的天文观象台是玛雅建筑中极为重要的一座建筑物。天文观象台为高12.5米的圆形建筑，建在两层高大的底座上，内部有螺旋楼梯。观象台的设计和尺寸都颇为奇特：台阶和阶梯平台的数目分别代表了一年的天数和月数。52块雕刻图案的石板象征着玛雅历法中52年为一轮回。这座建筑物的方向定位显然经过精心考虑，它的阶梯朝着正北、正南、正东和正西。

佩特拉
Petra

“令我震撼的唯有东方大地，玫瑰红见证了整个历史。”威廉·贝根如是说。沉寂千年的古城，唯一不曾被时代风暴所淹没的，就是那一抹美艳的红。寂寞的倔强的沙漠玫瑰——佩特拉，延续了无数个世代的传奇。

★名称：佩特拉
★位置：约旦

1981年，约旦国王侯赛因颁布法令，用一座历史文化古城来命名国家通讯社。这座古城就是举世闻名的“石头城”佩特拉。

佩特拉在约旦的南部，坐落于胡尔山东部山脚下的穆萨谷地之中。其山北部是大名鼎鼎的死海，西部则是巴勒斯坦被占的领土和埃及的西奈半岛。

许多世纪以来，关于佩特拉，有一则神话故事一直流传于约旦民间：在南部广袤的沙漠中间，有一条神秘的峡谷，很久很久以前，一批神人在那里修建了许多宏伟的建筑物，并在里面藏了无数珍宝。还真有一代又一代的寻宝者前去探寻，但都败兴而回。直到1812年，英国游客约翰·白克汀特无意中发现了它，佩特拉才浮出了历史的水面。于是，佩特拉迎来了近两个世纪的考古发掘；于是，我们知道了，古罗马时代，阿都玛人和纳巴蒂人曾在这一带栖息生活，并先后建都，使此处成为中东著名的商业中心。公元106年，它成为罗马帝国的一个行省。公元7世纪，阿拉伯人侵入，它被遗弃。

远在2000多年前，是佩特拉的土著居民，在那些玫瑰色的砂岩峭壁上雕凿出了这座城市。

在逶迤绵延的穆萨山谷的巨岩中间，一条狭窄弯曲的小道通向佩特拉。小道两边的悬崖峭壁高70～100米，峡谷宽处约7米，窄处仅能通过一辆马车。岩壁上刻有纳巴蒂女神杜莎拉的小祭坛和供水的大水槽。佩特拉自古就严重缺水，先民们就在峭壁上凿岩建成供水系统，其艰难可想而知，他们的精神惊天动地。公元3世纪，一位国王将公主许配给了引水的英雄，并特别命令工匠们在巨岩上凿了一个宫殿，名为本特宫，意为“女儿宫”。据考证，女儿宫具有拜占庭式的建筑艺术风格。它的南北两道门各有12根大石桩，衬托着高达20米的石头宫殿，气势十分雄伟。

现存的卡兹尼陵墓由纳巴蒂人于公元前1世纪凿成，大门高40米，宽28米。门面色泽依然鲜艳，让人禁不住想象当年那鬼斧神工的雕凿场景。陵墓分上下两层，3人合抱粗的罗马式石门柱，上有6根，下有4根。巨岩大厅的壁面至今依稀可辨烟熏火燎的痕迹。这是佩特拉最漂亮的一座石雕建筑。

从卡兹尼陵墓前的谷地向右，可见到佩特拉重要的古迹——古罗马剧场，这是公元2世纪罗马征服者的杰作。整个剧场依山凿成，共34排，拥有可容纳6000名观众的阶梯形座位。舞台建在一块大岩石上，周围有4根粗大的石头圆柱。现今，那些高大的廊柱虽然早已倒塌，但无形无色的匠心与气势仍能穿透时空，让我辈倾倒。近年来，约旦当局加快了对佩特拉的考察和研究速度。在发掘的700多处历史遗迹中，大部分是神庙或灵庙。

佩特拉的兴废似乎并没有惊心动魄的、可令人反复咀嚼的事件，但面对断墙残壁，人们还是要兴起时光无情、人生苦短的慨叹。

卡兹尼陵墓是佩特拉最漂亮的一座石雕建筑，由于整座建筑雕塑在沙石壁里，阳光照耀下粉色、红色、橘色以及玫瑰色层次生动分明，衬着黄、白、紫三色条纹，沙石壁闪闪烁烁，无比神奇。

吴哥
Angkor

提起神秘的国度柬埔寨，人们最先想到的便是吴哥古迹。吴哥是高棉人的精神中心和宗教中心，也是旅行者向往的圣地。人们要去朝圣，是对神灵的朝圣，对文明的朝圣，对美的朝圣。吴哥不仅是一段历史，一座都城，更是一门艺术，一方崇拜。

★名称：吴哥
★位置：柬埔寨

当今柬埔寨历史文化遗迹的傲世王牌，当数吴哥古迹。作为高棉文化鼎盛时期的物化见证、世界上最大的宗教建筑群，它与中国的万里长城、埃及的金字塔和印度尼西亚的婆罗浮屠并称东方文化四大奇迹。看过影片《古墓丽影》《花样年华》或《兄弟》的观众，大概都会对吴哥古迹千百回廊的城堡产生无尽的遐想。

公元802年，嘉亚娃曼二世统一了高棉王国，将首都定在洞里萨湖的北岸，命名“吴哥”。此后，历代国王大兴土木，建造宫殿与寺庙，使吴哥逐渐成为整个高棉人的宗教和政治中心，柬埔寨历史进入全盛时代。1431年，由于泰人的入侵，高棉人弃城而逃，远赴240千米外的金边建立了新的首都。泰人在掠夺了古城的大量珠宝后绝尘而去，只留下宫殿和寺庙，被埋藏在洞里萨湖畔的绿色丛林里。

厚唇，微闭的双眼，意味深长的笑容，是在迎接远道而来的客人，其实也是在警惕地探视着四方。像这样的人面石雕，在吴哥共有200多尊。

吴哥的清幽沉寂在1861年结束了。一位希望在生物科学上有所作为的法国人亨利·英哈特，意外地将名字留在了考古史上。他在柬埔寨西部丛林中寻找热带动物，忽然，眼前壮丽奇特的景象让他惊呆了。他在日记里写道：“我们只有羡慕和崇敬地默视着它，我们无法找出任何的言辞来赞美这座宏伟的建筑。”

吴哥古迹包括吴哥王城和吴哥窟（吴哥寺），占地124平方千米，有着数不清的寺庙、城堡、宫殿与花园。这是一组庞大的石建筑群，包括许多宏伟的石塔、石屋和大量精美的石刻浮雕，全用石块垒砌，不见寸金尺木。经过千年的风雨洗刷，那些仿佛屹立在世界之外的建筑大部分已是残垣断壁。

吴哥窟是其中保存得最为完整的古迹。在12世纪中叶，共有几十万人参与了修建，前后历时37年，它是吴哥古迹唯一面向西方的寺庙。吴哥窟周长约5千米，四周环绕城池，池宽200米，城池内有两道围墙，还套着一座方形石城，层层回廊纵横相连，构成一个套一个的正方形。寺的主题建筑屹立在全寺正中的截顶式金字塔形三层台基上，台上有5座莲花蓓蕾形的圣塔。中央塔最高，塔顶距地面65米。五塔高耸云天，甚是雄伟。而今，柬埔寨人已把它印在自己的国旗上，成为柬埔寨的象征。

塔四面雕刻着婆罗门的头像。塔的最底一层加廊壁高2米，长800米，满是精细的浮雕，题材多取自印度著名史诗《摩诃婆罗多》与《罗摩衍那》中的神话故事。塔身、塔顶、门楼等都饰以莲苞形石刻，总数达万枚以上。可以说，全寺就是一件巨大的艺术杰作。吴哥窟的布局完美体现了建筑学的透视法则，高低长宽比例适中，闪动着对称和谐的美感。

千里迢迢奔向柬埔寨的游人，大概都是为着吴哥窟的盛名。在吴哥窟的宫殿穿行，不禁让人顿生造化弄人的感慨，也渴望弄清这荒烟蔓草还背负着多少故事，多少隐秘。

吴哥的5座莲花蓓蕾似的佛塔高耸入云，是高棉民族引以为傲的经典建筑。

泰姬陵

Taj Mahal

一座非凡的建筑杰作，一段凄美的爱情佳话。如果有人说，泰姬陵是世上最优雅、最富浪漫风格的建筑，大概也并不为过。古往今来，在世人眼中，泰姬陵几乎就成了印度文化的代名词。

★名称：泰姬陵

★位置：印度

“沙杰汗，你知道，生命和青春，财富和荣耀，

都会随光阴流逝……

只有这一颗泪珠，泰姬陵，在岁月长河的流淌里，光彩夺目，永远，永远。”

冰轮初上，如水清辉静静地倾泻在洁白的圆形穹顶上，洁白的石壁间，洁白的倒影中。这座大理石筑成的梦境，浮光水影间最纯洁优雅的灵魂栖息之所，寄托了一个君王、一个时代的穷奢极侈与痴情哀思，凝结了光阴也载不动带不走的永恒，它就是泰戈尔笔尖上那滴爱的泪珠——泰姬陵。

但凡见过泰姬陵的人，无不被它洁白晶莹的身影所倾倒，更多的则是沉湎于那段镌刻在纯白大理石间、流传了几个世纪的爱情神话。17世纪初，印度莫卧儿王朝的第五代国王沙杰汗有一位名叫阿姬曼·芭奴的美丽王妃。沙杰汗与她情笃意深，赐她“泰姬·玛哈尔”的封号，意为“宫廷中的王冠”。然而红颜薄命，泰姬却不幸早逝。沙杰汗曾许下诺言，在她死后，要为她建造一座像她一样美丽、举世无双的巨大陵墓。于是，一个悲痛的丈夫，动用了帝王的特权，倾举国之力，耗无数钱财，用22年时间为爱妻写下了这段瑰丽的绝唱。

很难说，这座建筑是因爱而令人神往，还是那份爱因为萦绕在这座建筑间才显得刻骨铭心。然而，泰姬陵的美是毋庸置疑的。浑然对称的造型将阿拉伯传统建筑风格发挥到了极致，那一脉被人们争相传颂的洁白，总是在不同时间呈

在很多人心里，泰姬陵是一个王朝建筑艺术的代表；在另一些人心里，泰姬陵则是纯洁爱情的象征，在陵前的“圣水”中濯足是否会给自己带来幸福的爱情呢？

现出不同的色彩。最绝妙的是，聪明的印度人并没有拘泥于平面上的大兴土木，而是在天与地的垂直方向上也做了一番文章。那道宁静地铺陈在陵寝前的水道，真正沟通了真实与虚幻。向上，是永恒的、牢不可破的坚固；向下，则是一份近在咫尺，却永远无法捧在手中的珍重。于是，光与影的交织变幻在这里找到了最好的发挥空间，阳光，月色，朝霞，暮霭，让泰姬陵的美丽永远不会单调。

回首前尘，当月亮升上阿格拉朱红的外墙，透过那块水晶石的折射，那个傲慢一生却终被后辈囚禁于此的暮年帝王，唯一拥有的便是不眠不休、凄然凝视着不远处如洗月光中爱人的陵墓，夜复一夜。

伤心的君王不会想到，只是他对妻子的执着一念，会成就这样一个打动了整个世界的千古传奇。爱是那样神奇，以至让一个帝国霸主的桀骜顽刻化为了绕指柔，让没有思想的石块被赋予了永生的婉转灵魂，即使在最艰难的时刻，也每每能勾起人心中最温柔安详的一面。

尽管每天都有世界各地的无数游人相伴，但漫步于此，让人感到的竟是喧哗尘世的背后，那一层如影随形的隐隐忧愁和寂寞，来自遥远的世界，缥缈得几近脆弱，却始终绕梁不绝，超越了时空，在潺潺的朱穆河畔默默地美丽着，只为人心中那一点儿对爱的期待和执着。

或许，这才是泰姬陵的真正性灵所在。

泰姬陵和花园及水中倒影相互辉映融合，在不同时间和不同的自然光线中显现出不同的特色，加上其和谐的对称性，使人如入仙界。

麦加

Mecca

麦加，一个全世界穆斯林都魂牵梦萦的地方。每年，都有数百万计的信徒从世界各地长途跋涉来到这里，环绕着“天房”克尔白，进行虔诚的朝拜。

★名称：麦加
★位置：沙特阿拉伯

麦加，一个令全世界所有虔诚的伊斯兰教徒向往的地方，当今伊斯兰教的第一圣城，坐落在沙特阿拉伯西部的易卜拉欣涸河的峡谷中。它与麦地那和耶路撒冷并称为伊斯兰教三大圣城。这里群山阻绝，水源稀少，“麦加”在阿拉伯语中意为“吮吸”，可见饮水困难早已是一个历史问题。

但信徒们毫不在乎饮水的贫乏，他们为着心灵的洗礼而来。按照伊斯兰教的教义，凡有经济能力、身体条件许可的

每年都有无数教徒来麦加的“天房”朝拜。

麦加圣寺是全世界穆斯林膜拜的圣地，高耸入云的尖塔象征着神圣和庄严。

穆斯林，有生之年必须要到麦加朝觐一次，以示自己是真主安拉的忠诚信徒。

每年，约有一二百万穆斯林不远万里从世界各地奔赴这个心目中的神圣所在。尽管一路上要经受许多考验，开销也十分巨大。

一切缘起于公元570年，伊斯兰教创始人穆罕默德诞生于此，并在这里建立和传播伊斯兰教。这里是穆斯林世界的“诸城之母”，只对穆斯林开放。

城内最负盛名的建筑，是坐落在城中央的大清真寺。寺内广场中央，有一座高大的石殿，称为天房，又叫作“克尔白”，传说是真主安拉住过的房子。全世界所有的穆斯林平时做礼拜时，都要朝向这里，从伊斯兰教创建以来十几个世纪的时间里，年年如此，从未间断。

回历10月1日至12月10日是穆斯林的朝觐期，这段日子是麦加城最繁华喧闹的时候。朝圣者匆匆的脚步过处，一路上尘土飞扬。不同肤色、不同语言的穆斯林，一律怀着圣洁的信念来到这里。城内，到处是露天搭起的临时帐篷，白色的帐篷一直绵延到城外的山坡上。除了少数有钱人能住得起旅馆外，绝大多数的朝圣者就是这样席地而居的。

卡纳克神庙

Temples of Karnak

古埃及，用灿烂夺目的文明之光照亮了古今，底比斯古城遗址则成了埃及古老文化的代表性遗存。而卡纳克神庙，就是底比斯古城最完整的建筑群，也是埃及境内现存最大的庙宇遗址。

★名称：卡纳克神庙

★位置：埃及

埃及的古迹似乎总是伫立在时间的另一端。卡纳克神庙的故事就始于3800年以前。

那时候，喜克索斯人统治着埃及，埃及王室避难于一个叫底比斯的地方，并领导反抗异族的斗争。当他们重新夺回领地后，底比斯就成了新王朝的都城，埃及也进入了最强盛的时期。据说，当时的底比斯有城门100多座，惹得希腊大诗人荷马吟诗赞叹："一百扇城门的底比斯！"统治者依循太阳东升西沉的规律，开始在尼罗河的东岸修建宫殿、庙宇，将西岸划为墓地。

通过神庙中拉美西斯二世修建的第二座塔门，可以通向多柱厅。多柱厅中有140根石柱排列成16行，居中的两排12根圆柱高达24米，直径达3.6米，柱头可站立百人。

公元前7世纪，亚述征服了埃及，底比斯从此日趋衰落，历经2000余年的天灾战火，大多数宫殿和神庙将辉煌留在了历史远处。

坐落在尼罗河中游东岸的卡纳克神庙，可以说凝聚了古埃及建筑艺术的精华。它因浩大的规模而扬名世界，是地球上最大的用柱子支撑的寺庙。形象地说，卡纳克神殿的体积可以装下一个巴黎圣母院，占地超过半个曼哈顿城区。

卡纳克神庙始建于公元前1870年，是古埃及法老献给太阳神阿蒙、自然神和月亮神的庙宇。后经历代法老不断修建，形成了一个长1.5千米、宽0.8千米的庞大建筑群。到公元前1567年，埃及王朝定都底比斯后，卡纳克已成为全埃及最大的神庙。此项纪录一直保持到今天。

建筑群的中间部分，是祭祀众神之首——太阳神阿蒙的

庙宇，主殿面积约5000平方米，总长336米，宽110米。前后一共造了6道大门，而以第一道最为高大，高43.5米，宽113米，人们进出如若蚁虫。殿内有140根石柱排列成16行，居中的两排12根圆柱高达24米，直径达3.6米，柱头呈倒钟形，莲瓣纹饰，雄奇壮美，柱头可站立百人。柱上刻有象形文字，巨大的法老雕像随处可见。神庙的塔门高达38米，面向尼罗河，气势极其宏伟。

神庙最里面，是当时召开庆祝会的大厅。帝国的全盛时期，也是埃及艺术的黄金年代。经济的繁荣、生活的奢侈，在屋顶彩绘中得到了淋漓尽致的表达。大厅列柱的建筑形式，源自希伯来的建筑风格，在规则中呈现出流畅的建筑旋律。3500年前，大厅对面本来是3尊雕像，到了公元5世纪的基督教时代，雕像被打掉，改成了一个十字架。

只有在卡纳克神庙现场，才会真切地感受到什么叫震撼人心。精神在物质的重量下就变得压抑，而这压抑之感，正是神灵崇拜的起始。这也正是卡纳克神庙艺术构思的基点。

从南面看卡纳克神庙，方尖碑、废墟以及圣湖组成的画面依然可见当年的辉煌。

复活节岛
Easter Island

在复活节岛上，一切都是那么神秘莫测，古代和现代纠缠在一起，无法分清。谁也无法理解，那种令人惊叹的文化，会在一个太平洋中最偏僻的、与世隔绝的孤岛上，独自演化出来。就像那一个个沉默的巨石人像一般，复活节岛留给世界的是个永远难以解开的哑谜。

★名称：复活节岛
★位置：南太平洋（智利）

复活节岛是地球上最孤独的一个岛屿。它独处地球偏僻的一角，孤悬于南太平洋上，远离其他岛屿。

小岛之所以名为“复活节”，纯属偶然。300多年前，第一个荷兰人登陆的当天，正逢基督教的复活节，从此，小岛便以此命名，成为世界上最伟大的奇迹之一。之后到来的西方冒险家，莫不对岛上林立的巨大石像啧啧称奇，百思不解。

一个摸不清底细的伟大文化遗产，几乎可在每一座可供人类居住的南太平洋岛屿上被发现，而至今又不能完全解释的那些技术，则神秘地注视着每一位来客，促使他们去思考。

复活节岛虽然位于波利尼西亚，却是南美洲国家智利的领土。复活节岛以充满神秘色彩的人头巨石吸引着各国的观光客，前些年的电影《复活节岛》使它更加名噪一时。本地人称复活节岛为“拉帕努伊岛”，意思是“石像的故乡”。它最著名的，也最令人感到神秘的，就是岛上那一尊尊巨石雕像。

石像有300多座，都是由整块的火山岩雕成的。火山口里还有大约400尊未完工的雕像，有的只有不多的斧凿痕迹，有的则几乎已经可以搬走。他们一律长耳、长鼻、浓眉、长脸，都有一双深邃的眼睛，或阴郁，或沉思，或冷漠，或严肃得叫人心情压抑。最大的一尊高10多米，头顶上放着一块巨大的刻成假发形状的红色巨岩。这些石像环立在岛的周围，眺望着波涛滚滚的太平洋。石像奇怪的姿态和阴沉的眼神，使小岛笼罩着浓厚的神秘气氛。

那么多尊巨石像，在面积只有166平方千米，距离陆地至少2000千米以上的孤岛上，放眼望去，大海就在他们的四周。难怪复活节岛人会称自己的岛为“世界的肚脐”，而那些石像就是他们的精神象征，是祖先横越大海的荣耀，更是复活节岛人岛屿生涯的一个最大谜团。除了这些神秘的雕像之外，复活节岛也是个景色优美的岛屿，一望无际的大草原，野马野牛逍遥自在，高耸的火山隐藏着深邃的火山湖泊。

为了永远记住古老的传说中神灵给予的灾难，岛上的人们又称这个小岛为“望着天空的眼睛”。这个烟波浩渺的南太平洋上的智利复活节岛，呈三角形，每个角上都有一座较大的火山。岛上还有许许多多的小火山。火山口周围长满了苔藓和野草。较大的火山口里已经形成了湖泊，湖边长着芦苇。这一切构成了复活节岛独特的自然景色。

复活节岛北部的阿纳凯是全岛最富魅力的景点，除一排威武的“莫埃”石像外，一片金黄色的沙滩又长又宽，岸上的棕榈树林青翠茂密。攀上全岛最高点——海拔507米的特雷瓦卡山顶，极目远眺，岛上的大小火山和四周的石像尽收眼底，浩瀚的太平洋与蓝天浑然一体，令人心旷神怡。从山上下来不远便是著名的“七尊莫埃”景点。据传，它是一个毛利巫师的7个儿子等待欧图·玛图阿王到来的地方。“达海”是全岛保存最完好的“莫埃”石像群。每当傍晚，人们步行到这里观看日落，霞光映红半边天，巨大的石像被衬托出永恒的身影。

复活节岛300年来和外界的接触，让这颗大海中央的肚脐沦落成世界边缘的一滴苦泪。人类对自然的破坏那么赤裸裸地摆在我们的面前，是否人类要等到地球也成为一个如今的复活节岛，才会放弃自己的贪婪呢?

除了沉默，石头还能有其他选择吗？只是这种倔强的姿势使来访的人们心里疑团益增，它们究竟有什么要说而不能说出的呢?

[图说天下]

巴黎 Paris

威尼斯 Venice

巴塞罗那 Barcelona

萨尔茨堡 Salzburg

伦敦 London

圣彼得堡 Saint Petersburg

悉尼 Sydney

纽约 New York City

旧金山 San Francisco

新奥尔良 New Orleans

里约热内卢 Rio de Janeiro

卡萨布兰卡 Casablanca

大马士革 Damascus

伊斯坦布尔 Istanbul

……

Lights of City

城市之光

巴黎
Paris

很难用一句话来形容巴黎，这是个爱与恨交织的城市。历史的沧桑、文艺的辉煌与今日巴黎T型台上的时尚在此交迭缠绵，构成了一幅光影浮动的瑰丽画卷。

★名称：巴黎
★位置：法国

“如果你爱一个人，就把他送到巴黎。因为这里是流动的圣洁。”

如果用人来比喻城市，那么莫斯科是位硬汉，柏林是位帅哥，里斯本是位怨妇，日内瓦是位小家碧玉，巴黎则是一位风雅的少妇，美艳大方又有些轻佻，善解人意但人格独立，温柔体贴但又大胆开放，一言以蔽之：浪漫。

然而，巴黎却是一个“爱流泪”的少妇。这只是因为长年阴雨，鲜见阳光。也许是这个缘故，除个别现代建筑以外，无论是历史古迹还是普通民宅，都在城市色彩规划部门的统一指导下，用亮丽而高雅的奶酪色粉刷了外墙。而很多建筑物的屋顶，以及埃菲尔铁塔等则主要是用深灰色涂饰。因此，奶酪色与深灰色不仅成了巴黎的标志色彩，还因奶酪色的光感十足，改变了不少巴黎人的心情。

埃菲尔铁塔的设计离奇而独特，是世界建筑史上的奇迹，也是法国及巴黎的象征和永恒的标志。

巴黎的美，不仅因为它拥有收藏无数艺术珍宝的罗浮宫、雄伟壮丽的凯旋门、奢侈繁华的香榭丽舍大道商店，而且还包括这些经过无数岁月洗礼并承载着法兰西文化的建筑物墙体的颜色。

或许正是这种颜色，使得巴黎去掉了忧郁，只留下了浪漫，使得人们在这里可以诗意地栖居。于是，巴黎成了一个天涯漫步者的天堂，一个心灵过客的港湾。巴黎对世界说，街道之美不只在心中，它更期待人真心地阅读，一步一步地丈量。穿越巴黎是幸福的：在街边的咖啡馆坐下，看着河水从桥下掠过，不经意已消磨整个下午；在天幕低垂之际登上埃菲尔铁塔，等待星辰交替的巴黎夜景，寻找巴黎的沉静之美……日复一日，足以让人沉醉其中。

一个城市如果没有活水，就仿佛没有了灵性。塞纳河就是巴黎的灵魂。它，不宽，也不窄，不急，也不缓，就这样静静地流淌着，默默地见证着世事的变迁，承载着古老文化的命脉，如同一位饱经沧桑的老人，默默无语，却在潺潺不断地静静流淌；又像一枝饱蘸浓墨的毛笔，时而灵动，时而厚重，无边地点染着巴黎。华灯初上，塞纳河又像换上浓妆的贵妇，温柔而富有诗意，处处散发着夜巴黎无尽的魅力，两岸的建筑物和桥梁被璀璨的灯光装饰得精美绝伦，流光溢彩，霓幻无穷，令人目不暇接。澄蓝的塞纳河上闪烁着交错

巴黎圣母院静静地矗立在塞纳河边，面目沧桑，神态肃然。人们可以感受到从那宽厚巨大的石墙里传出的几百年积淀的历史体温，呼吸着从那无数人形和兽形石雕中倾吐的几代艺术先人的气息。2019年4月，巴黎圣母院主体建筑发生火灾，图中的箭形塔尖已坍塌。希望这座哥特式建筑的旷世杰作，在以后的重建工作中得以再现辉煌。

夜幕下，光和影的浮动，构成了一幅奇异的瑰丽画卷。

的灯影，如虚如幻般在水面上建构出另一个迷人都会。除了两岸景致之外，巴黎市内还建有37座桥梁，横跨塞纳河，仿如一道道彩虹，为巴黎添上美丽的色调。这一切都凝结成了海明威笔尖上的“变幻之谜”。

晚风轻拂，河面波光粼粼，星光四溢，岸边一座座欧式建筑，经历几许沧桑而依旧平静注视着往来匆匆的人群，在夜色掩映下，已看不见它们老旧的外貌，只留下依稀的轮廓和神秘的面纱。低头看倒影里的景物，巴黎仿佛在塞纳河上摇晃，随着河水缓缓流淌。河边某个不知名的露天咖啡馆里，闲散的人们在轻啜咖啡的悠然中，得到缪斯女神的眷顾。此时，咖啡馆橙黄的灯光交织着巴黎幽蓝的夜幕，则一直绵延到无尽的街道深处。

在那街道两旁的房子里，住着浪漫的巴黎人。很难说清楚，是巴黎人的浪漫使得巴黎浪漫起来，还是巴黎浪漫的景致和河水陶冶了巴黎人的浪漫。然而，确实是法兰西民族的血液在孕育和滋养着这个多情而浪漫的城市，而巴黎也很感恩地眷顾着历史上每一寸宝贵的光阴和荣耀。她珍藏着世上一切关于爱与美的记忆，探寻着巴尔扎克的足迹，目睹着蒙娜丽莎的微笑，凭吊着戴安娜的芳魂……想象着若干年前这里曾经存在过的活生生的伟大的灵魂，脚步就显得格外奢华起来。于是，时空在此凝滞。

河水依然在静静地流淌，时间永远不会为谁停留。然而巴黎，却是一座永不苍老的城市，心灵朝圣者的殿堂。无论是文学、哲学、艺术，还是革命，这里的每一个地方都是诗，都有故事。

美景之下，徜徉在富有浪漫情调的大都市里，仿佛这些故事和这里的一切都那么熟悉。再浅尝几口法国红酒，不知不觉间，自会陶醉于巴黎的浪漫情怀里。此时此刻，海明威在半个世纪前的吟咏不禁浮上心头：“如果你有幸在年轻时到过巴黎，那么以后不管你到哪里去，它都会跟着你。巴黎就是一席流动的飨宴。”

威尼斯
Venice

“她的容貌像一个梦，她的历史像一段传奇。”如果说，雅典是欧洲文化的摇篮，那么意大利就是文艺复兴的起源，而被称为“亚德里亚海明珠”的威尼斯则是意大利的一个瑰宝。

★名称：威尼斯
★位置：意大利

每一个曾经在历史上赫赫有名的城市，多半会有一条孕育城市生命的河流；每一个到现在还迷人的城市，也必然缺不了水色丽景，一年四季里，时而清风扬波，时而烟雨薄雾，而且，总是听得到水声悠悠。即使早已过了海上霸权的年代，威尼斯所展现出来的气势仍旧是独树一帜，颓废与华丽的美感并存。而这片岛屿，就仿佛与世隔绝一般，独自过着属于威尼斯的慵懒岁月。

沿着威尼斯宽宽窄窄的运河，还可见到修于几世纪以前的古老房屋，这些房屋依然保持着当时的面貌和风采，鲜艳的花朵从阳台伸展出来，带来了生机和无限的遐思。坐“贡得拉”，纵情于威尼斯的怀抱，听船夫高唱意大利的民歌，仿佛忘记了时间的存在，完全融化在这独特的魅力之中。

“威尼斯”本是“最宁静的处所”的意思。恬静的威尼斯给人心旷神怡的感觉。运河对岸是著名的圣玛利亚·莎留特教堂，有300多年的历史；还有圣马可广场，那里是威尼斯最值得骄傲的地方。隔岸望去，可以非常清楚地看到教堂美丽轮廓构成的威尼斯海湾这一最迷人的景致。

威尼斯的风情总离不开“水”，蜿蜒的水巷，流动的清波，它就好像一个漂浮在碧波上的浪漫的梦，诗情画意久久挥之不去。依水而建的房屋、教堂清晰地倒映在水面上，船往前行，微波荡起，冲散了一幅幅如画的倒影。诗人拜伦在1817年初来到威尼斯时，惊艳于这座水都的脱俗之美，忍不住送给了它“亚得里亚海之后”的封号，因为由海面上眺望威尼斯，它就像矗立在亚得里亚海上的海市蜃楼，令人目眩神迷。

水是威尼斯的灵魂。如果说中国江南的水是朴素的、温馨的、亲和的，那么，威尼斯的水就是豪华的、壮丽的、艺术的。每日，海浪拍击日渐下沉的岸礁，海风送来海鸟或欢畅或忧伤的咏叹，而沿岸人家石墙上的斑驳印痕，也在日复一日的沉默中渐渐成为经典。

威尼斯的妙处不仅仅在于它有那么多的水，那么多的桥，更在于此中油然而生出的一种柔情似水而又风情万种的生活状态。清晨，空中还有薄雾，街角是悄悄的路人饮泉，肃穆的教堂传来钟声，住家的窗前是招摇的盆花，世界变得很安静。这里没有喧嚣的车马，没有大大小小的工厂，因此，空气洁净，耳根清净，让人觉得仿佛活在古老的15世纪。

喜欢威尼斯，因为非常浪漫；不敢太喜欢威尼斯，因为太过浪漫。威尼斯的浪漫中多少掺杂着一些凄美，地下水抽取过多，造成威尼斯的陆地不断下沉，再加上周期性的潮水，因水而美丽的威尼斯正在被洪水慢慢侵蚀。它还会为我们的世界美丽多久？这已经不是我们能够左右得了的事情。我们能做的，仅仅是靠近它、欣赏它，让心盛满浪漫的感受，然后再离开。

当一切成为记忆，记忆也一定会是湿漉漉的，仿佛还能闻到水的气息……

乘坐着“贡得拉”泛舟河上，听着船夫美妙的歌，远眺光影浮动的建筑，游览威尼斯只有美的享受，而没有行路之苦。

巴塞罗那
Barcelona

巴塞罗那的美不是用来观赏，而是用来享受的。这个城市每个角落都散发着节日般的闲散和享受气氛。古老而动感的城市，温暖清新的海滩，自然灵性的建筑，热情而纯朴的居民。或许每一项都会有很多其他地方超越巴塞罗那，但是，四者合而为一，恐怕就只有它了。

★名称：巴塞罗那
★位置：西班牙

它有着西班牙温暖、热情、亲切的民族性，更有法国的浪漫情调，这些融合在一起，世尔班帝士于是将它比作“欧洲之花”。它就是巴塞罗那。

作为西班牙文化古城的巴塞罗那，是仅次于马德里的西班牙第二大城市，有“伊比利亚半岛的明珠”之称。

塞万提斯提到巴塞罗那的时候，说它是“世界上最美丽的城市”。可能是因为它靠近法国，兼有法国的浪漫和西班牙的热情，让人难以抗拒它的诱惑。巴塞罗那是一个依山傍海的美丽山城。天空是淡蓝的，海水是深蓝的，天和海就在远处交接，好像本来就是一体的。这里的阳光、沙滩组成了迷人的地中海风光，充满了浪漫的西班牙风情。

由高迪主持设计的神圣家族大教堂，是巴塞罗那的标志。这座建了一个多世纪的建筑直到今天仍未完工，其建筑过程本身就充满了神奇。

地中海的暖风吹拂了它2000多年，它就像一位女神，在阳光海岸边，在比利牛斯山脚下，不断创造着各种奇迹。巴塞罗那被称为世界前卫艺术的“麦加”、开放的现代艺术馆，绝不是浪得虚名。巴塞罗那是一座盛产天才的城市。它滋养天才和灵感，崇尚自由和创造，孕育了毕加索、米罗、达利、高迪等现代派艺术领袖。它拥有玻璃幕墙殿堂卡塔卢尼亚国家剧院、加泰罗尼亚艺术博物馆、西乌达德拉公园“毕加索走廊”。

美丽的风光中最耀眼的，还是那幢建了100多年却仍然脚手架林立的神圣家族大教堂。教堂外墙上有无数精彩的雕塑，有美丽的花儿、饱满的果实，有生命之树，有基督和他的弟子们，那就是高迪心目中的天堂。它的残缺就像断臂的维纳斯、没有头的胜利女神一样，永远都是建筑史、宗教史上的一座丰碑。置身于教堂中，会产生亦真亦幻的时空错觉，不禁感叹这个“建筑疯子”的神奇之手。

没有哪座城市会与一个建筑师的名字如此密不可分，巴塞罗那与高迪，像一对梦幻组合，不停地考验着人们的想象力。高迪的建筑像有生命的生物，让人相信他所信仰的神就住在里头。于是，在没有一朵白云纠缠的蓝天下，踏遍这座城市的各个角落，寻遍这位生于1852年、被誉为欧洲最具原创性的建筑艺术家留下的趣味与美丽。于是，在这块开阔、不受拘束的空间里，出现了一个童话世界，让人直想赖在里头，享受纯粹的、梦幻般的美妙气氛，不禁感叹：整个巴塞罗那就是高迪！

在巴塞罗那沸腾的星空下，在经历了整夜的聚会狂欢之后，当目光迷离，眼皮沉重，终于明白巴塞罗那人为什么不肯承认自身悠闲成性，因为在他们心里，他们的确是一群极其勤恳的人，他们在勤勤恳恳地享受生活。

风有些湿，有些海的味道，巴塞罗那的星星眨着眼睛。让我们在“有着地中海城市少见的纪念性财富和活的历史”的巴塞罗那，闭上眼睛，静听风吹浪打，享受纯粹一刻。

巴塞罗那兼有西班牙的热情和法国的浪漫，街头随处可见充满了艺术想象力的雕塑。

萨尔茨堡
Salzburg

在这座城市里，音乐是永恒的主题。仲夏之夜，随便走在一条小巷里，幽深的石子路上，不知何处飘出了无名的小夜曲。那乐声不疾不徐，悠扬婉转，令人惆怅。

★名称：萨尔茨堡
★位置：奥地利

有人说它是一首缠绵的老歌，在暮色中低吟着往日的旧事；有人说它是一幅精美的旧画，轻描淡写，便写尽人间的风景。这就是萨尔茨堡，一个蕴含着诗魂画魄的欧洲古城。

走在这座欧洲的古城里，曾经熟悉的一切让人觉得似乎置身于影片《音乐之声》中，想象玛丽亚在这里带着7个孩子一起哼唱出Do-Re-Mi的音符，开启了孩子们的心灵之门。半个多世纪的沧桑，能使一个红颜少年变为皓首老人，却似乎并未给萨尔茨堡留下多少岁月的痕迹。曾经战火纷飞的萨尔茨堡仿佛生来如此，和阿尔卑斯山一样，静静地看着历史匆匆走过。

萨尔茨堡位于海拔1400米的高原上，3座森林茂密、山顶积雪的山脉环拥着它，形成这里迷人的景色。

如果说维也纳是这个“音乐之邦”的“音乐之都”，那么萨尔茨堡则是“音乐之乡”，因为它是莫扎特的故乡。古城孕育了这位音乐家，而这位音乐家使这座古城扬名天下。莫扎特使萨尔茨堡终于问鼎伟大，开始告别世俗笑闹。萨尔茨堡也不再无人经过，相反，一切真正的大旅行家都不会把它忽略，因为它向全人类贡献了一个永恒的伟人。

也许正是南北欧的这种艺术交融激发了莫扎特的音乐天赋和聪明才智，从那时起，他那享誉全球的声望就照耀着整个城市。至今，莫扎特对萨尔茨堡的影响依然是毋庸置疑的，每到节庆，宫廷、教堂和音乐厅都回响着他的音乐，整个城市都纵情于这位音乐巨匠的迷人旋律之中。

萨尔茨堡素有“音乐艺术中心”和“北方罗马”之称。粉绿、粉红、粉蓝、粉紫、粉橙和浅灰，这些美丽而不张扬的颜色不仅将萨尔茨堡装点得至纯至美，而且它们也犹如萨尔茨堡夜晚从临街窗口或阳台里飘出的莫扎特小夜曲那优雅的音符，将整座城市的音乐氛围渲染得更加浓郁。

灯火辉煌的街道展现了这个城市的聪明才智与艺术气质。在密密的建筑物中，那教堂、市政厅的塔楼尖顶，在明亮的灯光衬托中格外壮观。其间点缀的楼房，依稀可辨的森林地带，蜿蜒如蛇穿城而过的萨尔茨哈河朦朦胧胧。朝河谷方向望去，远处的阿尔卑斯山脉，与天地相接，隐隐约约。难怪人们把萨尔茨堡形容为“可以做梦的地方”。

旧事如烟，都已尘封在旧址残石间或古老的传说中。而潜藏在现存楼台亭榭中的古韵，则唯具慧眼者方能赏之。一座城市能够因为一个人而快速地改变自己的坐标，也就能改变生活气氛和美学格调。在萨尔茨堡，在无形无色之中，巍然屹立着欧洲最古老帝国哺育的音乐精神。这个“大象无形”的自由精神所创造的帝国，将比大理石更久远、更永恒。皇帝已逝，帝国消亡，但是在华尔兹的旋律中，似乎皇家的晚宴才刚刚开始。

萨尔茨堡既有哥特式建筑，也有巴洛克式建筑，南北欧的艺术在这里交融。

伦敦 London

没人能否认伦敦这个名字在世界上所谓“大城市”名单中的地位与分量。然而，伦敦的与众不同，却似乎并非一言可以形容。稳重的、优雅的、固执的……伦敦并非只在雾中才有真谛。这个名字本身，就已经成了一种象征、一个时代，甚至是一种时空的象征。

★名称：伦敦
★位置：英国

柯南道尔笔下，伦敦是个浓雾笼罩的神秘城市，福尔摩斯和华生乘马车在城市里穿行，寻觅隐藏在迷雾中的罪恶。大侦探无案可破时，也许会站在窗前感叹“黄雾沿街，滚滚而下”，而事实上，弥漫在19世纪英国文学史里的浓雾，只有对那些局外旁观者来说，才是美丽的。

“雾都”这个名字，听起来就给人一种冷酷忧郁的印象。黄昏时阴霾的天空，遍街泛着冰冷光泽的大雾，泰晤士铅灰色的河水，大本钟麻木而毫不留情地报出时间逝去的声音……这一切让人想起的应该不只是亨利八世或维多利亚女王，抑或是其他那些留在已经泛黄的历史书页中的名字。他们使城市不朽，而自身作为人类的短暂时光也因这种不朽而得以永远流传，以一种姿态稳重地、优雅地、固执地永远流传下去。伦敦就是这样一个融会了人世间的无数传奇，再磨碎它们，散发到它的大街小巷寒冷潮湿的空气中，同时却又丝毫不动声色的城市。

英姿飒爽的骑警已成为今日伦敦街头一道亮丽的风景线。

旧时的英国，在无数文人笔下被渲染成一个冰

泰晤士河穿过伦敦城缓缓流过，它和伦敦这座古老的城市一起阅尽了人世的沧桑，再也不起半点波澜。

一样的国家，尤其是那个充满压抑感的雾都。某种程度上，伦敦真的是个充满完美悲剧氛围的地方，也许当初那些人在给它别称时也考虑了这个因素，却没有谁为它找到过最精确的答案。狄更斯似乎太感性了一点儿，伦敦是没有那么纯粹的；夏洛蒂又太美国化了，不符合英国给人的感觉；唯有在艾米莉为她笔下游荡的幽魂所建起的庄园里，阴天、石楠丛生的高地、伫立在灰色空气中的房屋、远处模糊不清的人影，犹如置身于一张暗黄色的网中，连呼吸的空气都充满了冷漠和高傲的味道，伦敦才像是稍微显露了它的真本性，把热情压抑得刚刚好。然而，这或许仍只不过是浓雾之外的人们一厢情愿地加给它的可爱想法罢了。

也许正因为这种莫名的不确定感，反而催生了无数英国人的灵感，把全世界的浪漫都收集到大不列颠岛上来，然后才从这里流传到四方去。在这里，在那个现代人眼中的理想年代，那一大批帅气的、朝气蓬勃的诗人，他们聚在一起，用诗歌写出心胸和情感。华兹华斯、柯勒律治、拜伦、雪

高达50多米的纳尔逊柱矗立在特拉法加广场上，这里是游览伦敦的起点。

莱、济慈，他们时时不忘带着世人重温18世纪末的浪漫，重新感受19世纪初朦胧的雾都伦敦。同样忧郁的还有莫奈。他出生在巴黎，却在伦敦找到了灵感。人们说，在莫奈之前，没有一个人发现围绕伦敦诸桥的雾是红色的；而在莫奈之后，没有一个人在看到伦敦之雾时，不会想到那红色印象中的日出。

在人们的感觉中，伦敦的时间永远是黄昏的冬天，纵然长年累月住在那儿的英国人肯定更喜欢夏日，纵然可以让整整一星期都有阳光照在古老的街道上，随时可以嗅到温暖空气中玫瑰散发出的甜香芬芳，可以优游地信手挥洒一道真正有颜色有气息的彩虹，固执的伦敦却始终不会或者说不愿用暖色调来装饰自己。

不过，这个城市也因为固执地保存了这种灰色的沉默，反而变成了乐于描绘它的世人们眼中最完美的形象，无论说它是天堂的、地狱的、智慧的、愚昧的、最好的，抑或最坏的，只有最极端的词汇才能表达，像极了世世代代走在城市暗色街道的伦敦人，骄傲得不可一世，却又是这世上最彬彬有礼的人。多半是因为他们真正相信自己，真正高傲的人是不屑于在喧嚣的人世前张扬的。

这种似是而非的矛盾在整个世界都存在，却只有高傲固执的英国人、只有高傲固执的伦敦才表现得最透彻。有人说现代的伦敦不再是伦敦了，慕雾都之名而来的人们可能会失望，因为那工业时代棕黄色的伦敦雾已经成为过去，只有偶尔在冬季或初春寂静的早晨，才能看到一层薄薄的白色雾霭，阳光驱散薄雾后，让人难以想象当年迷离晦暗的雾中情景。

然而，伦敦并没有变，正是那种高傲固执，给了它一颗不屈跳动的心脏。在新世纪汹涌变幻的波涛里，这个泰晤士河畔的都市也在以它固有的精神在古老的压抑中寻求着解脱，试图去打破，又坚决不愿改变，这种挣扎成就了另一种精神上的完美，而那本身正是伦敦亘古不变的灵魂的体现。伦敦变了，是因为它没有变。

灰色的雾都始终如此，那天空，那雾气，那河水，那行人，让伦敦已经不仅仅是一个城市，那名字本身已经变成了一种象征。这个象征让没有生命的土地不再是个简单的存在，它变成了一个灵魂，一种精神，它就是伦敦。从城市开始之日就存在，直到今日，直到永远。

广场上的和平鸽，或许对伦敦的天空有着更深的理解。

圣彼得堡 Saint Petersburg

俄罗斯人总是习惯把圣彼得堡称为“北方的首都”，语气中透着一种亲切和骄傲。在地球北纬60°线以北，最大、最美和最有名的城市桂冠当属圣彼得堡。

★名称：圣彼得堡
★位置：俄罗斯

面向海洋的圣彼得堡，是如此雄伟、辉煌的古老建筑，对于它所面对的欧洲，俨然带着一种坦然自若的气度。那建筑群如此和谐庄严，宛如18世纪再现。

3个世纪的沧桑留给这个城市的，不是苍老，而是光荣。

一位专家说，圣彼得堡建城300周年，敢把世界上40多个国家的领袖请到圣彼得堡，靠的是它有与巴黎媲美的自信。它帝俄时代的面貌基本没变，涅瓦河畔，古建筑成群，形成了圣彼得堡古朴、雄伟、稳重、宽广的特征。

“我爱你，彼得建造的大城。”普希金在他著名的长诗《青铜骑士》中一语道出了圣彼得堡的来历。圣彼得堡是俄罗斯最欧洲化的城市，彼得大帝认为俄国必须有一座全新的、按照欧洲风格建设的首都，他做到了。也正是从那时起，以60多条大小河流、运河和400多座桥梁相连，由近百个岛屿及河滩组成，素有“北方威尼斯”之美称的俄罗斯第二大城市圣彼得堡诞生了。

圣彼得堡是昔日俄国的首都，与莫斯科相比更具有皇家风范，整个城市到处体现着文化与历史的厚重。

和莫斯科不同，圣彼得堡一直被认为是欧洲的，而莫斯科是俄国的。如果圣彼得堡认为莫斯科乃亚洲的边缘之所在，那么莫斯科则把圣彼得堡看作欧洲的外省；或者相反，如果说莫斯科是俄罗斯的精神家园和祖国古老荣誉的维护者，那么圣彼得堡则扮演了俄罗斯的西方性文明之代表的角色。圣彼得堡以它

太多的文化、艺术沉淀，成为俄罗斯名副其实的文化艺术之都。

如果把莫斯科比喻成一幅重彩浓烈的油画，圣彼得堡则是一幅清新淡雅的水彩画。在这座城市中，茂密、无处不在的森林、绿地和风格各异、色彩丰富的建筑群，已构成了城市环境中充满文化、艺术感的一道道风景，用斯拉夫民族自己独有的既粗犷、宏伟，又细腻、优雅，同时极富表现力的城市语言，与人们进行着感情的交流，向他们讲述着自己民族的历史，以及杰出的文化艺术脚步所走过的昨天与今天。

圣彼得堡是一座水上城市，河面面积占全市总面积的10.2%。由于河道纵横，风光秀丽，素有“北方威尼斯”之称。

有一位哲人曾经说过，如果在圣彼得堡住上两天，你会觉得自己知道了很多东西；如果住上两个星期，你会觉得自己知道的并不多；若是住上两年，你会发现，原来你什么也不知道……

在俄罗斯有这样一句谚语：“阅读7遍描述圣彼得堡的文字，不如亲眼看一下这座城市。”这座城市本身就是明朗天空下的一座博物馆，云集了众多杰出的宫廷和教堂建筑，雕塑、花园、公园随处可见。看到这一切，会让人想起果戈里的话语：圣彼得堡像是很讲究穿戴的绅士、贵妇人一样，到处都是镜子——这边是涅瓦河，那边是芬兰湾。

直至今日，这座城市仍然维持着与现代社会不一致的风情。头戴礼帽、身穿长衫的圣彼得堡人，悠然地漫步在古色古香的大街上，满身的装束显示了他们独有的经典、雅致，同时又弥漫着昨日的老式风韵。整个城市全是二三百年前的建筑，满眼尽是巴洛克式、洛可可式的风格，既讲究对称，又打破平衡，既追求宏伟气势，又注重雕塑细节，特别是那些随处可见的、镶嵌在每幢建筑上的细节，成了一种特殊语言，诉说着这座城市浪漫又典雅的过去。

“18世纪最伟大的帝王”彼得一世打造了圣彼得堡，此后300年，从罗曼诺夫王朝到红色苏联，一代又一代惊心动魄的兴衰故事都在这个“俄罗斯的灵魂城市”起起落落。

300年过去了，这座城市经历了兴盛、战火、革命、风雨，成熟过，衰老过，劫后余生。那些曾经有过鲜活生命、丰富想象和伟大思想的文豪们，也已经化作永恒的明星，闪烁在寒冷的深紫色的天空中。

圣彼得堡，一个值得记住的城市；俄罗斯，一个值得尊敬的民族。

悉尼

Sydney

悉尼是澳大利亚最美丽的城市，长年平均20℃的气温，使绿色成为悉尼的主色调。悉尼迷住了每个看到它的人。如果要用4个词来形容它，那就是：空间、阳光、自由、稳健。

★名称：悉尼

★位置：澳大利亚

悉尼是一颗明珠，是大洋洲最大、最繁华的都市，被誉为“南半球的纽约”。

它拥有金光闪耀、白帆逐浪的海港，细腻迷人的海滩和阳光充沛的地中海气候，街道处处野芳幽香，佳木秀丽，海鸥盘旋。黄金海岸及未受破坏的灌木林，更增添了它的美丽。

毫无疑问，这是一个充满活力的城市，它的魅力闪闪发光，令人很容易就了解、喜欢甚至爱上它。这里或许不是地球上最适合居住的地方，但它安全、干净、没有污染；虽然它不是一个多种族的乌托邦，但这个社会完全融合了几乎所有种族和国籍的人们。总而言之，这是座完美的城市，澳洲人很幸运，是命运把他们冲刷上这片勇敢而美好的海滩。

碧蓝的海水，细粉似的沙，漫步在海滩上，有种天高地阔、人海相融、精神松弛的飘逸之感。悉尼伸入城中的两条海湾，给城中居民送来了荡漾的碧波和清新的空气，还好似一只巧手，在各个角落里造就了大大小小多达120多个可人的海湾和细软的沙滩。也难怪悉尼得天独厚，以海景取胜了，世界上任何其他城市都无法与之媲美。

于1932年3月通车的悉尼大桥是世界上最长的长翼桥，它与歌剧院一起，构成悉尼最完美的坐标。

如果把悉尼比作一位美丽的少妇，蓝色的海湾就是她舞动的彩裙，大铁桥就是她颈

悉尼歌剧院里大约有1000个房间，包括4个主要听众席，60个化妆室和套房。阔大的音乐大厅内，可容纳2000多名观众。

上的项链，而大歌剧院则是她胸前一枚闪光的胸花。从不同角度看这座奇妙无比的建筑，有不一样的感受，或如白帆高扬的舰队，或如张开贝壳的大蚌，又似碧波中怒放的白莲。这座具有灵感个性的艺术建筑，现在不仅是悉尼的象征，也是澳大利亚整个国家的象征。

站在以大块石材铺成的歌剧院平台上，向对岸北悉尼望去，一幢幢砖红色楼房或高或低排列着，点缀着丛丛树林；湛蓝水面上两艘帆船正顺着风势缓缓航行，一种舒缓宁静的感觉油然而生。在自然与人共同努力下，来到这里的每个人都能感受到悉尼的温暖。

如果说悉尼歌剧院具有阴柔之美，海港大桥则体现了一股阳刚之气。那宏伟威严的悉尼湾大铁桥如一把巨大的弯弓，直指苍穹；而那纤巧秀丽的悉尼歌剧院则如几叶白帆，鼓风待发。两组建筑，一水之隔，铁黑与雪白的对比，壮美与精巧的映衬，是那么地强烈。

在夕阳的余晖中，拱桥映衬着变幻的夕阳，由金黄而姹紫，由姹紫而暗褐，海面上的桥影刚刚褪淡，立刻亮起一串串斑斓的光带，千万盏璀璨的霓虹灯，像珍珠一样洒落在波平如镜的海湾中。

晚上，桥架和桥栏上的灯光齐放，远远望去，就好似一张巨大的弓的弓背和弓弦上镶嵌着无数的珍珠钻石，在黑丝绒般的夜幕上，显得晶莹透亮，仪态万千。再加上两岸高层建筑上的霓虹灯光投入海中的倒影的衬托，更使大桥增添了几分绚丽、几分神秘。

在悉尼，只要有绿地，就看得到野餐的人群。野餐的乐趣并不仅是随意与不拘小节，尽管没有手工精致的餐点，在以天为蓬、以地为席、绿树墙垣、鲜花当摆饰、百鸟齐鸣的空间中，浩瀚自然的情调同样能让人充分领略悠悠快意。

改变一下感觉，骑上马，感觉生命坐骑的奇异，阴凉的骑马道隐蔽在林子里，阳光从林子外透射进来，是清凉的，被树叶过滤过了，有着“嘚嘚”马蹄声的林间小道反而更加安静，连空气都那么美丽。就在这一刻，在这里，人完全融入自然。

纽约 New York City

有着个性面孔的纽约，是一个奇特的城市：它是一个地方，能看到任何事；它是一个地方，又同属于任何人。人们只能去感觉它，却无法去描述它。天堂与地狱，就在此地毫无芥蒂地结合了。

★名称：纽约
★位置：美国

天堂与地狱，其间的差距何止千万里，这样大落差的两个词语竟然都可以用来形容纽约。这究竟是怎样的一座城市，充满矛盾，叫人又爱又恨？文化的多元化和思想的自由度，使人们在这里既可以徜徉在大都会博物馆人类文化艺术长廊中，品味各国艺术大师高贵纯净的传世之作，也能看到光怪陆离热闹喧嚣背后所隐藏的阴暗怪异，甚至丑恶。

有人说纽约是地球上的一座都市丛林。理所应当，钢筋水泥成为这个城市的主角。以曼哈顿为代表的纽约，是摩天楼的大本营，单单一个小小曼哈顿地区，就有200多幢又高又极具现代美感的摩天大厦。

手持火炬的自由女神像矗立在纽约曼哈顿西部的自由岛上，日夜守望着这座大都会。

纽约是一个色彩丰富动感十足的城市，曼哈顿第五大道就是一个缩影。穿过纽约的大街小巷，见证曼哈顿的百年风云，不可抵挡的是气息，一种浓重的历史和现代气息，一种兼容的宏伟与精致所带来的美妙气息。

纽约无疑是最美国化的城市，可从某种意义上来说，又是最不美国化的城市。纽约，堪称美国的时尚殿堂。然而，在喧嚣浮华背后，纽约不是天堂，就在繁华和富足的脚下，也有不太和谐的风景：商店门前的乞丐、敲着塑料桶带着狗的卖艺人，还有随处可见的小摊贩。

在这个快节奏的都市，在这座年轻的舞台上，正以各种形式轮番上演着各具特色的剧目，在冲突与融合的微妙互动之间，激荡成一股异常旺盛的生命力，也呈现出多姿多彩的新世界风貌。面对五光十色的诱惑，看尽纸醉金迷的奢华与贫困肮脏的阴暗面，练就一副铁石心肠，然而，最脆弱的却恰恰是感情。

人人都渴望谈一场恋爱，连露水情缘都是好的。在夜空下，在中央公园里，在第五大道上，在新潮餐室内，耳鬓痴缠，窃窃私语。良辰美景间的镜花水月，却不乏真情儿女，前仆后继，在所不惜。

纽约，又是一座充满机会的都市。如果被纽约认可，就意味着被全世界认可。与中国及欧洲文明相比，美国文化显得不太有深度，但纽约文化艺术的多样性和兼容并蓄，却使得这座城市充满魅力，吸引了无数来自世界各地的艺术爱好者。

“9·11”的巨大阴影离纽约渐行渐远，除了曼哈顿下城的天空出现了一片空白，除了那片天空下烟气蒸腾的废墟撩拨起人们可怕的记忆以外，纽约确实与过去没有什么两样。纽约依然繁华、喧嚣、忙碌，依然多姿多彩。

每一个窗内，也仍然都有一颗渴望展翅的心。

全球最繁华的都市，在逐渐弥漫的夜色中展现着不夜的城市气象。高高耸立、尖顶直插云霄的帝国大厦，虽然已经不是纽约最高的建筑，却仍然是这个城市最经典、最显著的标志与象征。

旧金山
San Francisco

旧金山是美国最宽宏大度的城市，是世界上最伟大的城市之一。不管是喜欢狂言，还是喜欢弗兰克·西纳特拉，不管是醉心于芭蕾，还是偏爱滑板，在这里你都可以找到乐趣。

★名称：旧金山
★位置：美国
★正式名称：圣弗朗西斯科

世界上任何地方的失踪者，人们最终都会在旧金山找到他。也难怪威廉·萨洛扬说：如果你还活着，旧金山不会使你厌烦；如果你已经死了，那旧金山会让你起死回生。

旧金山三面环海，放眼望去，是蔚蓝灿烂的晴空及海湾，典雅的旧式房屋随着起伏的小山丘地形而建；金门大桥气势如虹地横跨在金门湾上；古色古香的叮当车，叮叮当当地往来穿梭；渔人码头上香气袭人的海鲜大排档，以及岸边晒日光浴的海狮群伴着人们消磨一下午；街头艺人创意十足的精彩演出以及金门公园里休闲运动的人们，勾绘出一幅浪漫的美丽城市画面。从地铁站、叮当车、街头艺人、街头画家到路边的小白鸽，这所有的一切，仿佛在向世人宣告：欢迎到旧金山来！你可以在这儿找到浪漫的幻想，可以在这儿享受悠闲的情怀。

排列整齐的路灯是旧金山夜晚的守护者，为贪恋美景的游人和晚归的夜行者照亮一片夜空。

从空中俯瞰旧金山，这座城市就像晶体管收音机一样整齐：一块块精妙绝伦的维多利亚式建筑群、四四方方的公园、蔚蓝的海滨美景，摩天大楼装饰精美，反光玻璃辉映着绚丽的街景，蜿蜒曲折的高速公路连绵伸向高耸入云的商业区。

有人说，到旧金山不坐叮当车，就像到巴黎不去罗浮宫、到北京不爬长城一样使人遗憾。旧金山是在全球各大名城中仅存的一个保有叮当车的城市。

金红色的、欢乐的、有童话色彩的，几乎是旧金山最惹人怀念的叮当车开过来了。坐上造型典雅秀丽且带着浓浓古风的叮当车，穿梭在旧金山市中心现代化的建筑物间，就能感受到一种融合了现代与复古情趣的别样情怀，一切看起来是那么自然、协调，一点儿都不显得突兀。

旧金山是美国人公认的最浪漫的城市。汤尼·班列特百转回肠地唱着："我的心留在旧金山。"穿行于旧金山，在渔人码头、电缆车、金门大桥，一路走走停停，阳光下甚至可以嗅出爱情的味道。

金门桥是旧金山的标志，位于旧金山外港的金门海峡之上。大桥色彩鲜艳，气势雄伟，桥身呈红色，横卧于碧海白浪之上。入夜时分，灯火通明，璀璨夺目，又如巨龙凌空。

猛烈的艳阳，好像赶着来为大家上烤漆似的，沙滩上布满人群，不约而同地躺成大字形，任由艳阳激情地抚吻。以最原始的状态，贴近原始的大自然，感觉微风滑过肩头的速度，沙子沾上毛发的粗糙感，阳光在胸前起舞的热度，以及海浪拍打脚底的清凉……或许，这些都是原始时代人们享受的乐趣，却也是穿上衣服的人们，早已遗忘的一种乐趣。

登上著名的双峰山，可以感受和暖的加州阳光，欣赏富有诗意的旧金山黄昏美景。彩色的晚霞、如织的游人、微凉的海风、霏霏的细雨、咖啡的飘香、迷幻的灯光，这样的情景怎能不令人感动，怎能不令人陶醉？站在崎岖山路的尽头，挥开倾斜的树枝，隐约看见了蔚蓝的大海，在鼓噪着雀跃的心。

古朴的建筑，配着几株树叶都已凋零的树枝，成群的白鸽飞过，浑然天成的美景，这一切，组成了旧金山。它白天骄阳当空，夜生活热闹繁华，它是美国所有城市中最富于欧洲色彩的一个城市，人们会很快就喜欢上它。如同19世纪一首歌曲中的词句："旧金山，我到你的身边来了！"

旧金山位于旧金山半岛的北角，东临旧金山湾，西临太平洋，对于这个海湾城市来说，气势磅礴的跨海大桥是一道分外抢眼的风景。

新奥尔良
New Orleans

美国再没有新奥尔良这样的城市了。200多年前来到此地的法国人和西班牙人赋予了它那个时代的欧洲所特有的优雅和奢华，这种旧时代的风格即使在今天真正的欧洲也已难以寻觅，新奥尔良却某种程度地保留了它最纯粹的精神。

★名称：新奥尔良
★位置：美国

寡言的密西西比河向东南流淌，行到路易斯安那尽头蓦地一个转折，新奥尔良就建在这个弧形最优雅的一弯旁。北面的庞恰特雷恩湖与老人河遥遥相对，夹杂着两边沼泽散发的湿气，新月城于是总给人一种固执的错觉，仿佛它一直都弥漫在一层氤氲的水汽中。

或许就是这种近乎沉郁的印象，让即使那些对它感到陌生的人们也并不打算质疑“美国文化底蕴最深厚的城市”这样的描述。杰克逊广场前踟蹰的轻车快马，圣查尔斯街旧式阳台上造型雅致的雕花铁栏，让人感觉仿佛时光还停留在两个多世纪之前。

人们爱说它是个美国的欧洲城市，然而新奥尔良也并非属于欧洲的，从一开始就是这样。欧洲人享有的更近似于这个城市俨然的那一面，而那些生活在这里的来自各个地方，不同肤色、不同阶层的移民们，才赋予了新奥尔良那些真正使它属于自己的精神和文化。纵情狂欢的嘉年华会，轻快即兴的爵士乐，大行其道的巫毒教，使这里与欧洲那种贵族化的古雅和浪漫相比，多了无数属于平民和异族的大胆、恣情、放诞。

1900年前后，一名新奥尔良黑人音乐家组建了世界上最早的爵士乐队。在今天的新奥尔良，人们仍能不时见到倚在墙角演奏萨克斯的街头音乐家。

优雅和放纵碰撞，于是让新奥尔良拥有了一种会让天使和恶魔同时沉迷于此的近乎原始的堕落的魅力，这种魅力在城市形成之初就已经开始存在了，而且，在那个没有电气、没有办公大楼、万吨巨轮充斥的时代体现得尤其明显。

夏日黄昏的密西西比河岸，码头上的小酒馆人来人

精致优雅的老式马车在街道上穿行，衬以背后古老的圣路易斯教堂，霎时如时光回转，难辨今昔。

往，潮湿的夜风送来不远处沼泽地里柔和的蛙声和虫鸣，往返于此的船员、本地的白人移民、混血儿、身份自由的黑人，让这里永远生意兴隆。堤岸上坐满摆摊出售手工艺品和草药的印第安人，远望是大片甘蔗、蓼蓝的种植园。那些种植园主的庄园就建在附近，到了夜间便纷纷驾着轻快的马车进城，涌向古老的法国式剧院、圣路易斯教堂，以及一条条沿河而建的繁华街道，那里充溢着煤气灯汇成的流动的光彩。远方，密西西比河的水位高出地面，在高高筑起的河堤间流淌，船只像悬在半空浮动的云彩，带走了夜复一夜的光阴。那是新奥尔良最令人难忘的时光。

与其说残忍的是时间本身，倒不如说是人类自己不断向前推进的脚步。钢铁和电子的文明成就了许多值得人类永远尊崇的现代神话，也毫不留情地遮盖了从前那些在旧时代的黑夜中熠熠闪亮过的星光。新奥尔良也不可避免地在这样无声无息的改变中走过来，如同它当年所脱胎、所仿效过的那个浪漫之城那样走向了现代。然而，这个城市伴随着不断的迁延和变革所滋养出的那种顽固的意志，那种不吝沉溺于人生短暂浮华之乐的达观放纵，却使这里奇迹般地保留下了许多精神上和不只存在于精神上的旧时代的风格。

即使钢铁的桥梁横跨过曾经漂着多桅帆船的密西西比河，飞机凌驾过卡奈尔大街立满高楼大厦轮廓的蓝天，属于旧时代新奥尔良的那些美丽和浪漫最本质的东西，却仍然完整地保存了下来。大概这才是新奥尔良不同于其他地方的特别之处。

直到两个多世纪后的今天，当月光溜过圣路易斯公墓高高叠起的棺椁，洒进古老的林荫道，当风声擦过那些老橡树繁茂的枝叶，穿过法国区砖铺的黑暗小巷，把温暖潮湿的空气吹进波旁街的欢谑笑闹中去，那里浮华依旧，流动的灯海一如当年煤气灯摇曳的时代，就仿佛时光猛然间倒卷回200年前。

它们所保留在自己无声的语言中的，并不是有什么样的眼睛曾经在这里看到过什么，而是那眼睛、那心灵，在那个时刻所感到的那种精神，仍在延续。它就凝固在不断流逝的时光里，久而弥深，只要稍加回味，便在垂首追忆的惘然失落中悄无声息地重新弥漫回来，笼罩在城市之上，又一次送回了它往日甜蜜得几乎让人心碎的诱惑，以及某种全新的，或许其他城市永远无法希冀的领悟：飘摇在新月城上空的漠漠光彩，依然是来自200年前那个闪耀的星空。

里约热内卢
Rio de Janeiro

如果你注重环境质量，热爱自然山水，就不可能不对巴西的里约热内卢一见钟情，心驰神往。不管白天还是黑夜，如果不是亲眼看见，你就无法相信世界上会有如此美丽的城市。

★名称：里约热内卢
★位置：巴西

上帝花了6天时间创造世界，第7天创造了里约热内卢。

浪漫的里约热内卢得名于一个有趣的故事：1502年1月，葡萄牙人沿海岸航行时忽然见到一处群山环抱的银色沙滩。他们来不及探个究竟，便称之为“一月之河”，象征着热情、奔放和妩媚。后人将错就错，将这个充满梦幻色彩的地名一直沿用至今。巴西人对里约热内卢永远都是那般情有独钟。

有人说，如果世界上有一个男人的天堂，那一定不是泰国，不是越南，而是拉丁美洲，并且首选巴西的里约热内卢。在这个欲望城市里，每一个眼神触动感官，每一个音符催化情欲。自由无所禁忌，而目的只有一个：成为别人欲望的对象，享受青睐的愉悦。

在里约热内卢，海滩上的热力人群才是男人们最养眼的宝贝。这儿有着白人、印第安人和黑人3种基因的混血姑娘，几乎天生就具有了所有女性美丽的必备要素：性感的身材、健康的肤色、浓密的披肩长发、艳美的脸庞……更重要的一点是，她们拥有巴西民族特有的热情奔放，她们的美是一种洋溢着活力和快乐的美。

的确，里约热内卢是一个美丽的城市，依山傍海，铺锦叠翠，风景优美，气候宜人，保持着古城的原貌。

漫步在沙滩上，才能真正领略到科帕卡巴纳海滩的奇异魅力。沙粒实在是太细了，松软平坦；沙色实在是太白了，洁白如雪；沙滩也实在是太大了，近海处永远翻腾着大浪，蓝色的浪谷和白色的浪峰此消彼长，一次次涌来，在阳光下如同一幅幅鲜艳无比的油画。对于大多数里约热内卢人来说，里约热内卢的海滩就意味着里约热内卢的生活。

浩瀚的大海一望无边，远远望去，天海相连，好像一个蓝色的世界。海滩上有几个体格健壮的青年在慢慢地跑步。两个小男孩在相互追赶着，一个中年妇女安详地坐在细软的沙滩上看着孩子玩耍……这就是里约人的生活。

巴西一年一度的狂欢节以里约热内卢最有特色，被誉为世界狂欢节之都。狂欢节，里约热内卢不睡觉，所有在里约热内卢的人全部失眠了。台上和台下遥相呼应，演员与观众融合在一起，全场成了一片欢乐的海洋，人们欢呼着，跳跃着，以个人喜欢的方式表达自己心中的喜悦和欢乐的心情。这就是里约热内卢狂欢节特有的魅力。

里约热内卢是座迷人的海滨城市，那山山水水、滩滩湾湾真有说不尽的美，道不完的秀，巴西人把它称为“奇妙的城市”。里约热内卢风情万千，它让人百看不厌，只有身临其境，方可体味其中意境。

科尔科瓦多山海拔700余米的峰顶，高38米的耶稣塑像两臂平展，仿佛是一个巨大的十字架立在山顶，呵护着山脚下的里约城。

卡萨布兰卡 Casablanca

尽管现在的地理词典中，“达尔贝达”这个非洲名字已经成为其正式的名称，但是人们仍然乐意接受“卡萨布兰卡”这个西方人为它带来的称呼，只因这个单词已是那样深入人心。

★名称：卡萨布兰卡
★位置：摩洛哥
★正式名称：达尔贝达

辽阔蔚蓝的大海上，一座白色的城市渐渐显现出来。

北非的空气里，弥漫的是阿拉伯、法国、葡萄牙和西班牙的混合味道。卡萨布兰卡就位于这个遥远的异域，充满着异国的风情，洋溢着多彩的情调：这里曾经秘密地发生过改变了世界格局的重大事件——卡萨布兰卡会议，还有那部荣膺奥斯卡奖的影片——《卡萨布兰卡》以及那一曲男中音演绎的悠长哀婉的名曲——《卡萨布兰卡》，叠加的神秘感越发增添了这座城市的朦胧美。

在西班牙语中卡萨布兰卡是“白色屋子”之意。人们已经搞不清楚是因为有了“卡萨布兰卡”这个城市的名字之后，才建造了白色的房子，还是因为所有的房子都是白色的，才有了“卡萨布兰卡”这个名字。总之，卡萨布兰卡满街都是白色的建筑物。铸铁的阳台，温柔敦厚的圆弧状线条，雪白的高墙大院映衬着棕榈树的枝叶，自有一股旧殖民地所特有的闲情逸致。高高耸立在大西洋边的哈桑二世清真寺非常醒目，像一只正待驶向大海的白色航船，迎着海风，迎着晶莹的海浪。

卡萨布兰卡是一座白色的城市，白色的建筑和绿色的马赛克装饰就像是镶在白玉上的翡翠。

卡萨布兰卡，如同人脑海中升起的海市蜃楼，一切亦幻亦真。或许只因为“卡萨布兰卡”这几个字，像一种魔咒，吸引着世界各地的游人投入它的怀抱。但凡到过卡萨布兰卡的人，无不说它是一座很浪漫、很有味道的城市，每一个街道的拐角、每一座建筑，甚至是街上行走的原住民都带着一种被岁月打磨后的神采，让人时常有一种惊艳的感觉。

人们都希望像饰演《泰坦尼克》女主角的凯特·温斯莱特一样，能在卡萨布兰卡的穆罕默德亚海滩拥有自己的寓所，海风轻拂，海水湛蓝。人们在冲浪、游泳、划船、钓鱼、日光浴，把自己埋在洁白的细沙里，在阳光和大海的陪伴下放松自我。想象自己是海中的一条鱼儿，自由自在地游来游去，那是一种怎样的心境和生活状态！

在时光流转、昼夜交替之际，阳光下的卡萨布兰卡黯淡下去了，连同那些明媚、鲜亮的颜色——蓝的天空，白的房子，红的地毯，黄褐的土墙，男男女女身上五颜六色的衣袍——失去了它们耀眼的色泽。此时的卡萨布兰卡，让位给了某种更为凝重的、几乎是黑白电影般的情绪，就像那部令人难忘的《卡萨布兰卡》，有着某种渴望、某种困惑，以及某种莫名的感慨。

就着五六十年前的怀旧音乐，闲坐窗前看卡萨布兰卡的车水马龙如电影画面般流转不息，那首动人心弦的《卡萨布兰卡》像清泉一样流淌在心坎上，回旋在房间的每一个角落。任杯中的牛奶沫和薄荷叶聚散沉浮……卡萨布兰卡的浮生半日，就这样挥霍了不也很好？

卡萨布兰卡就是这样的一个地方：冷漠、残酷，却正因此而成为高贵情操的温床。在最严峻的境地，深层的人性自会破茧而出。

哈桑二世清真寺。哈桑二世国王在世时，决心要在穆斯林世界的西部建一座大的清真寺，将它建在阿拉伯人认为是“陆地的尽头”的地方。另外，《古兰经》中认为海边是适宜信徒静心礼拜的地方。所以，这座以他的名字命名的清真寺高高耸立在大西洋边，有1/3建在海上。

大马士革
Damascus

无论用什么词语来形容它，大马士革都留给人们一抹东方的神秘色彩，正如城市中典雅神圣的寺庙中的每一片瓦砾，各自都蕴含着几千年的传奇，默默地向后人诉说着它们的故事。

★名称：大马士革
★位置：叙利亚

“人间若有天堂，大马士革必在其中，天堂若在天上，大马士革必与它齐名。”

坐落在卡辛山旁、巴格达河畔的叙利亚首都大马士革，不仅是世界上历史最悠久的古城之一，更是一座恍如仙境的城市，因此，自古就有“人间天堂”的美称。

世界上本没有“圣城”，只不过赞美的人多了，于是圣城就出现了。草木葱茏、鸟语花香的绿洲景色，与远处茫茫无际的沙漠形成了强烈的对比。绿荫丛中，掩映着一幢幢别致典雅的白色房屋和清真寺。每当夕阳西下，落日的余晖把树木、房屋、寺院抹上一片橙红，清真寺的宣礼塔上就开始传出阿訇们召唤人们出来的喊声，全城笼罩在一片宗教色彩中。古代阿拉伯的那些文武大臣、王公贵族、富商巨贾都希望活着的时候能居住在大马士革，死后能安葬在这块土地上，就连一部古书中都有这样的记载：“真主宠爱谁，就把谁安顿在大马士革。”

一个城市，供人居住，供人穿行，于是它所通往的方向也会使它具有特别的意义。大马士革对基督教来说，也是一个神圣的地方，因为它是教徒保罗回心转意的地方；大马士革自古以来还是通往麦加朝圣的必经之路，因此，这个地方在当时是个很热闹的城市。迄今，近400座伊斯兰清真寺和70多座基督教教堂，遍布古城内外。

登上大马士革后面的卡辛山顶，向下放眼四望，可以看到数不胜数的清真寺的绿色圆顶和金黄色的尖塔，高耸蓝天。从这许多尖塔上昼夜发出高昂的穆斯林礼拜声和各教堂里发出来的悠扬钟声，在这座古城上空响成一片。也因为拥有此得天独厚的资源及条件，故大马士革也有“中东珍珠”之称。

或许上天在造物的时候，就故意把美丽的地方藏在一个角落，叫他的子民们去发现，给他们惊喜。尤其是喜欢把珍贵奇异的古迹，都掩映于这个美丽世界的一隅，一个天国里的城市，一个“古迹之城”。不能不说是上天偏爱居住在这里的子民，抑或是人类长久地钟情于这片盛开着玫瑰的土地，使得这座古城在4000年的历史沉淀以后，仍然如此优美迷人。

穆罕默德的眼光没有错。如今的大马士革城既古老又年轻，既充满历史又富有现代感。

许多文明都曾在这里繁衍过，并与之共存，但它仍保留了自己的印记，没有因此而丧失自己的特点。大马士革将时光之河变成一种凝固的美，使自己永远像不老的孩子一样，焕发着迷人的光彩。

大马士革，天堂一样的城市，默默地向人们讲述着它的故事，展现着它最为精彩的一面。

伊斯坦布尔
Istanbul

无疑，伊斯坦布尔是矛盾的，它古老却又现代，喧嚣却又宁静。这种跨越时空的混合，一切都让人觉得如此不可思议，一切又让人觉得如此和谐美妙。在这里，万物似乎受到了一种感召。在这座土耳其老城的血液中，流淌着的是东西方文明的和谐。

★名称：伊斯坦布尔
★位置：土耳其

东方的神秘、西方的动感，两者完美的结合，成就了世界上独一无二的一座城市——伊斯坦布尔。

踏上伊斯坦布尔的土地，有那么一刻令人恍惚：松涛中分明有着罗马军团和奥斯曼骑兵金戈铁马的呼啸；斑驳的古城墙，绵延十多千米，似乎还留有众多将士保家卫国的身影；木造别墅旁边耸立着现代化饭馆，大理石宫殿毗连着简朴的石头堡垒，典雅的欧洲式居住区与小渔村为邻，笔挺的西装与松散的长袍为伍……这是古代还是现代？这是东方还是西方？

时空在这里迷失，失去了固定的界限，令人目眩神迷。一切恍如隔世，如在梦中。

这是土耳其最大的城市，也是世界上唯一横跨欧亚大陆的城市。湛蓝的天空，纯净的河水，热情好客的人民……让人禁不住慨叹造物主对这里的优待。

土耳其的民族舞蹈有点儿像新疆舞，舞姿健美典雅，快速敏捷。

白天的伊斯坦布尔是喧嚣的，热闹的。而每当暮色降临，清真寺里阿訇们抑扬顿挫的说法声、信徒们的诵经祷告声，则为这座古老的城市蒙上了一层神秘面纱，整个城市上空更是多了一份虚无缥缈，周

围的空气中都笼罩着一种涤清心灵污浊的力量。此时的伊斯坦布尔，氛围柔和静谧得仿佛时光停滞。

深蓝色的博斯普鲁斯海峡蜿蜒穿过城市，将这座城市分为东、西两部分，东部在亚洲，便有了鲜明的东方色彩；西部在欧洲，则呈现一派欧陆风情。来自东西方文明的交融带来了最强烈的心灵震撼，因为这片土地拥有着世界上最为辉煌的东西方文化相互辉映的印记。

历史上，乃至当今时代，文明之间的厮杀、宗教之间的斗争从来就是此消彼长、久久不断。于是人们不禁去反思——难道当一种文明遭遇另一种文明的时候，当一种宗教遭遇另一种宗教的时候，除了冲突、战争、流血外别无选择？

伊斯坦布尔用它的幸福美丽为我们做出了回答，它让我们深深地认识到：东方与西方完美交融，古代与现代交相辉映，能够催生出更加辉煌灿烂的文明之花。

这是一方多种文明镶嵌而成的土地，浑然天成，完美自然，优雅美丽……缺少“和谐”这个修饰语，一切语言都会是空白的。因为和谐，俨然已经成为伊斯坦布尔的灵魂。

圣索菲亚大教堂6根柱子直指青天，显示着宗教精神的崇高。登上教堂则可以远眺博斯普鲁斯海峡，教堂宽广的视界是与其兼容并包的胸怀相适应的。

博卡拉
Pokhara

安纳普尔纳雪山群下，如梦如幻的小城。如果你想要充分体味一下现代人津津乐道的"情调"，博卡拉一定能用最直接的方式，送给你一个最贴切的诠释。

★名称：博卡拉
★位置：尼泊尔

世界上有多少地方有终年不化的积雪呢？那一定都在高处。

安纳普尔纳雪山群就在面前，如梦中那般完美，每座山峰都被白雪覆盖，在凌晨的天色中散发着银色的光芒。鱼尾峰的尖角显得尤为挺拔俏丽。阳光将雪山之巅一座一座点燃，那种金红色再渐渐从山尖延伸到山体，随后，附近山坡上的绿草和大树也亮了，面前的山谷里升起袅袅的炊烟，一条蜿蜒的河开始波光粼粼，水面上停靠着几只白色的帆船，河水的涟漪把直直的桅杆的倒影弄得弯弯曲曲……于是，雪山怀抱中的博卡拉谷地又开始了全新的一天。

大自然一手制造出的矛盾，与博卡拉人为的矛盾相映成趣。如果住的是面山的房间，甚至不用起床，只要抬一抬眼皮，就能看到洁白的雪山；而就在院子里，却盛开着鲜艳的紫红色花朵。博卡拉是个彩色的城市，大巴货车的车头都是五彩缤纷的，郊外的房子也刷得五颜六色，有的还刷上了各式广告，再加上田间路边人们的鲜艳服饰，堪称一道景观。

滟滟的湖水，远处巍峨的雪山，湖里轻驶而过的小舟，博卡拉如仙境般令人着迷。

在稻田的包围下，背倚橘红色外墙的小茅屋，太阳暖暖地照在身上，天空中不时有鸟群和彩色的滑翔伞掠过。如果能在费瓦湖湖边餐厅的院子里坐着晒太阳赏湖，喝一口冰凉的啤酒，叼上一支烟，清新

博卡拉位于安纳普尔纳雪山的怀抱，雪白的山峰在蓝天的映衬下，磅礴得甚至有些刺目。

的空气，蓝天绿水，举目对岸山上，星星点点的城堡式的别墅建筑掩映在翠绿的林间，几只小艇荡漾在轻飘迷雾的湖面，心情便随着湖面的涟漪一圈一圈荡漾开去。

沿着湖畔慢慢走，一位穿纱丽的妇人，她的盛装如同博卡拉的阳光般，绚丽，灿烂，耀眼。她赤脚站在被夕阳染成金色的湖水里，脚边的一个石礅上放着黄色的铜盆，里面是要浣洗的衣衫。她面对着水天相接处的斜阳，余晖洒落在平静的脸上，弯着腰，不紧不慢地从铜盆里取出衣衫，一件一件地平铺在金色的湖水上浣洗，然后将洗好的衣服铺在一旁的船头，安静的湖边能听到水从衣衫上滴落到湖里清脆的溅落声。这就是一幅最能代表博卡拉——这个雪山下的小城——内在气质的场景。

夕阳的余晖中，鱼尾峰金色的光芒就在眼前，仿佛伸手可及；费瓦湖在山下静静地躺着，偶尔一只大鸟掠过水面，无声无息。循着水鸟消失的方向，在费瓦湖里的小岛上，有皇室的行宫。躺在屋顶上眯着眼睛望望山，看看水，有一种与世无争的感觉，心里有一种难以形容的宁静和舒畅无声无息地蔓延开来……

云依旧变幻，月有些朦胧，带着苍白的红，旁边屋顶的经幡飘浮着，如云和月的影子。每片经幡都是一个幻影，只是影子还在飘摇。这里的夜晚不同于拉萨和加德满都，少了冷峻和喧嚣，有的是热带的湿润和轻盈。当安纳普尔纳雪山渐渐睡去的时候，博卡拉的凉夜才开始讲述它的另一段故事。

从明天起，选择做一个幸福的人，日出而作，日落而息，就在博卡拉。

京都 Kyoto

京都不属于现在，它属于过去，属于历史，属于一个民族对自己、对往昔、对沉积于胸几千年的情感之核的深深的眷恋。“京都”二字，不论是意象，还是内涵，几乎都能和传统日本画上等号，其优美的建筑、璀璨的樱花、落寞的红叶及浓郁的地方乡土风情，都令人心驰神往。

★名称：京都
★位置：日本

千年以前，深受大唐文化熏陶的平安王朝在此奠基，从此展开了这座古城如诗歌画卷般优美的历史，一句句、一页页、一篇篇……

从《源氏物语》《枕草子》到《古今和歌集》，无数女性以自身纤细的笔触书写过这座城市。时光荏苒，今日京都再度化身为川端康成笔下那座既壮美又悲伤的《古都》。

只有京都的情感才是典型的日本式的情感，只有京都的风韵才是日本的风韵。感觉中的京都宛如一个沉浸在往事中的思妇，美丽而又幽怨。不论是去岚山，去金阁寺，去平安神宫，去清水寺，还是徜徉在典雅别致的街景之中，都会产生一种恍如梦境的感觉。

经过近1200年历史浸润的都市，好像染上了伟大时代的铜锈和古银的光辉。东京代表活力充沛、今日的日本，京都则代表古色古香、过去的日本。东京是日本的头脑，京都则是日本的灵魂。

一排排高大的杉树，树干纤细，杉叶拔尖，坚挺秀丽，整齐地参天耸立。整座杉林叶翩翩，草萋萋，或深或浅，如此浓密，又如此层次分

密密匝匝的竹林摇曳着漫天翠色，幽静的竹林小径通向未知的远方，徜徉其间，感受到的是超脱于尘世之外的静谧。

明。在秋高落照时，显得特别亮丽、飘逸和柔顺。这时候，杉树就像一个个高挑的美少女，亭亭玉立于幽静的山间，充满了青春的活力，更是美妙无比。竹林在微风中摇曳着娇柔的竹身、细长的竹叶，在金秋的天空中轻歌曼舞。参天的竹梢顶端，绿叶交抱相叠，构成一个由绿色覆盖的林冠。太阳透过浓密的林冠缝隙筛落下来的光，使林内的绿色变幻万千，展现着其生命的内在张力。

众所周知，京都是“最具有女人味道的女人”聚集的地方。外国人会在京都发现他们渴望在日本找到的东西：铺着鹅卵石的花园，优美的庙宇屋顶，以及踏着轻快的步子寻找的士的艺伎。

当其他地方都不由自主地褪色，只有京都还恋着旧日的记忆。浑然天成的风采，赋予这座城市一种属于世纪末的美丽，宛如一部华丽的纪录片，教人无从抗拒，只能一幕一幕地看下去……

金阁寺建在京都北山的一个小湖上，原为14世纪幕府将军足利义满的别墅，后改为寺院，是京都最精美的佛教建筑之一。

香港
Hong Kong

繁华落寞交替的世界，紫陌红尘辗转的轮回。说不完、道不尽的香港。这个城市的诱惑，需要理由吗？

★名称：香港
★位置：中国

维多利亚港的海风，纵使在深冬，在临近圣诞的夜，吹来的也是阵阵魅惑。回首见港岛半壁江山灯火通明，像烟花自半山绽放，迷离了人们的双眼；转望对岸九龙的人间烟火，亦是星光般荡漾闪烁……

不远处，落日正一点儿一点儿沉入海底，红霞漫天，碧波、白沙、酒店，全都被染成金橙。没有见过这样诱惑的海，这样缠绵悱恻的黄昏。

香港，太不适合做如此诗意的晕眩，仿佛更适合一头扎进那个活色生香的世界，和那些所有美丽的物质，来一次倾城之恋。

流苏不知道，是香港的陷落成全了她的爱情，还是因为要成全她，一个大都市倾覆了；张爱玲也不会知道，到底是香港成就了她的流言人生，还是倾城之恋成就了香港的华丽传奇？人们也不知道，到底是香港诱惑了人们，还是人们太放纵这个城市？

香港是属于夜晚的，白昼太匆忙，一切都让人无暇顾及。太阳挥别西山而去，弯月悄悄地升了上来，城市开始苏醒。夜色降临，这个城市开始活泼地香艳起来，也让人有了驻足流连的心情。白日熟悉的一切仿佛都变了样子，庄严肃穆的高楼大厦在日落时分眨一下眼睛，随之娇媚或高贵地换上夜间的服饰，珠光宝气地登上了维多利亚海边的豪华舞台，随之扭摆的主角便是光与色，白日只见轻浪的素净的海面，此时也艳丽鲜活起来。

维多利亚港之夜的无穷魅力是难以言尽的，那种体验，无疑是一种荡涤尘埃般的精神享受。若中午前后下过大雨，

香港是购物的天堂，鳞次栉比的百货店，光是那富丽堂皇的外表就足以勾起人们的欲望。

洗得天上、海上和地上都清清净净的，到了夜里，空气就清新极了，极目远眺，清清楚楚地瞧见几团白云仿佛是贴在山巅和楼顶一样。此时，一切的困乏、烦忧和无聊都荡然无存，只留下轻盈通透的灵性，和着清新的海风自由舞动，长达数里的灯色之中，变动着的只有两处：中环广场尖顶上的一小节霓虹灯在不住地转换色彩；中环中心从下往上渐密的横条状图案渐渐地变色，依着红橙黄绿青蓝紫的次序，一轮一色。

夜晚的维多利亚港没有白天那么繁忙，静静流淌的河流使香港显露出温柔妩媚的一面。

漫步在星光大道上，看香港岛霓虹闪烁，高楼耸立。展现在面前的是一幅多维、超时空的立体惊世美作：78层的中环广场与中银大厦等高层建筑，在灯火的烘托下气势恢宏、如浑身珠光宝气又美艳绝伦的少女；维多利亚港两岸的灯火，与港湾中来来往往、金碧辉煌的游轮交相辉映，美得化不开、道不清。忘情地站在夜风中，痴痴地望着美丽的香江，耳边响起的是“东方之珠，拥抱着我”的旋律，想的是“不辞长作香江人”。东方之珠，这是给予香港的毫不过分的赞誉。

全球最美的100个地方

选题策划：

策划编辑：高霁月

责任编辑：张　萌

特约编辑：高霁月

美术编辑：罗小玲　张鹤飞　于　蕾

封面设计：夏　鹏

版式设计：孙阳阳

图片提供：北京全景视觉网络科技有限公司
深圳超景图片有限公司
FOTOE
中国图片网
新华社摄影部

出发，让脚步追上理想